[신살] 저자 프로필 * 가나다순

김나윤
University of natural medichne(미국)
　　Bachelor 과정 졸업
경동대학교 사회교육원 사주명
강릉원주대학교 평생교육원 교

이
리학회 공동회장
리학회 부회장
스터협회 부회장
교 평생교육원 사주명리학 교수

김풍기
삼성전기 부장
서원사주명리학회 공동회장
서원대학교 평생교육원 주역 교수
청주대학교 평생교육원 사주명리학 교수

전을선
동국사주명리학회 공동회장
한국사주명리학회 부회장
한국사주상담심리학회 부회장
신세계백화점 의정부점, 강남점 사주명리학 강사

남순원
동국사주명리학회 공동회장
한국사주명리학회 부회장
한국타로마스터협회 부회장
전) 신세계백화점 본점 문화센터 관상학 강사

전혜숙
가톨릭대학교 아동학과, 사회복지학과 복수전공
동국사주명리학회 수석회장
한국사주명리학회 부회장
동국대학교 미래융합교육원 사주명리학 교수

이지원
원광대학교 동양학대학원 석사
한국타로마스터협회 부회장
갤러리아백화점 문화센터 타로 및 사주 강사
선문대학교 평생교육원 타로 담당 교수

정지원
동국사주명리학회 공동회장
한국사주명리학회 부회장
한국사주명리학회 사주명리학 강사
한국타로마스터협회 부회장

이진흥
동국사주명리학회 공동회장
한국타로마스터협회 부회장
한국사주명리학회 사주명리학 강사
동국대학교 미래융합교육원 사주타로 교수

조내숙
동국사주명리학회 공동회장
한국사주상담심리학회 부회장
한국타로마스터협회 부회장
제주대학교 평생교육원 사주명리학 교수

이채영
원광대학교 동양학대학원 석사
서원사주명리학회 수석 회장
한국사주명리학회 부회장
서원대학교 평생교육원 교수

조영신
중등2급 정교사 취득
동국사주명리학회 회장
한국사주명리학회 부회장
동국대학교 미래융합교육원 사주명리학 교수

김동완 명리학교 — ❶

신살

김동완 명리학교 — ①

【신살】

공동 연구

김나운 김종기 남순원 이지원
이진홍 이재영 이혜정 전을선
전혜숙 정지원 조내수 조영선

감 수 김동완

동학사

신살론의 바른 의미

사주명리학(四柱命理學) 이론들 중에는 타당성이 전혀 없는 학설들이 존재한다. 그중에서도 신살(神煞)에 관한 한 대다수의 이론은 버려져야 할 것들이다. 신살이 한때는 사주명리학 이론에서 커다란 의미로서 자리잡고 있었고, 조금은 힘이 약해지고 있다지만 지금까지도 대다수의 사주명리학 서적에서 비중 있게 다루어지고 있다. 또한 많은 사주명리학자들이 여전히 신살을 활용하여 사주명리학 운명 상담에 임하고 있다.

저자들의 스승, 대덕 김동완 교수의 스승인 자강 이석영(李錫暎) 선생 또한 신살을 매우 중요하게 사용하였다. 그러나 제자의 입장이라도 사주명리학의 이론들을 재정립하기 위해서는, 과학적 타당성이 없는 학설은 과감하게 비판하고 사주명리학계에서 사라지도록 하여야 할 것이기에, 이렇게 나름대로의 경험과 임상실험을 통한 문제 제기에 나서게 되었다. 10년 전, 20년 전에는 철학관이나 점집을 찾는 사람들은 대부분 집안에 부정적인 일들이 많을 때 찾아갔기에, 부정적인 신살을 활용하여 무조건 나쁘다고 하면 대다수가 맞다고 끄덕였다. 그러나 현재는 자신을 알고 타인을 이해하고자 하는 사람들이 찾기 때문에, 예전처럼 부정적인 상담으로는 내담자를 설득하기 어렵다.

대체적으로 사이비라고 불리는 역술가 중에서 많은 사람들이, 이 신살론(神煞論)을 이용하여 상담자를 겁박하고 부적을 강요하거나 굿을 권하고 있는 실정이다. '당신, 사주팔자에 살(煞)이 끼었어!' '살을 풀지 않으면 큰일날 줄 알아!' 이렇게 겁주고 협박하는 신살들이 사주명리학 이론 속에 200여 개가 넘고, 한 사람 한 사람 각자의 사주에는 30여 개의 살들이 존재하고 있다는 것이다. 그러니 누구의 사주팔자에는 살이 없고 누구의 사주팔자에는 살이 있는 것이 아니라, 모든 사람의 사주에 신살이 20~30여 개 이상 존재하고 있는 셈이다.

이 책에서는 고전의 신살 이론을 그대로 설명하고 있기에, 독자분들이 다양한 임상을 통해 신살을 좋은 작용을 하는 긍정적인 신살과 나쁜 작용을 하는 부정적인 신살로 분류하고, 그 분류를 통해 신살의 허구성을 밝혀보기 바란다. 지금까지 인류의 역사는 끊임없이 발전해왔다. 당연히 인간의 삶도 꾸준히 발전되어왔다. 원시사회에서 첨단과학 사회로 변화 및 발전되어오면서 수명도 꾸준히 연장되고 삶도 풍족해지고 있다. 그렇다면 신살도 긍정적인 것이 부정적인 것보다 많아야 할 것이다. 사람의 사주팔자에 부정적인 신살이 많다면 인류의 역사는 벌써 종말이 왔어야 한다. 한 사람 한 사람의 삶이 긍정적인 것보다 부정적인 부분이 많거나 좋은 것보다 나쁜 것이 많다면 국가나 민족이나 세계는 나쁜 상황으로, 부정적인 상황으로 흘러가는 것이 자명한 일이다.

자, 지금부터 사주명리학에 존재하는 모든 신살들을 좋은 작용을 하는 긍정적인 신살과 나쁜 작용을 하는 부정적인 신살로 구분해보자. 한국, 중국, 일본에서 사용되는 신살들을 총망라하였는데, 특별히 발견하지 못했거나 잘 몰라서 빠진 것이 있을 수 있겠지만, 꼼꼼하게 살펴 정리하였으니 빠진 신살은 그리 많지 않을 것으로 본다. 요즘은 상황에 따라 긍정과 부정을 왔다갔다하는 신살도 있지만, 원래의 의미에 초점을 맞추어서 정리하였다.

긍정적인 신살은 50개 이내이고 부정적인 신살은 200여 개가 넘어간다. 이는 긍정적인 신살보다 부정적인 신살이 4배나 많다는 것이다. 어떤 사람의 인생이 긍정적인 면보다 부정적인 면, 좋은 것보다 나쁜 것이 4배 이상 된다면 살아갈 수 없을 것이다. 이 책이 신살에 대해 바르게 이해하는 계기가 되었으면 한다.

2025년 1월

CONTENTS

PART 1 신살 총론

1

신살
총론

삼재 三災

삼재(三災)는 방합(方合)과 삼합(三合)을 활용한 신살(神煞)을 말한다. 삼재에 해당되는 연도(年度)에는 삼재팔난(三災八亂)이 있다고 하여 세 가지 재앙과 여덟 가지 어려움이 따른다고 한다. 이 또한 대장군방(大將軍方)이나 삼살방(三煞方)과 더불어 서민들에게 폭넓게 퍼져 있는 말이다. 점집, 철학관, 절에서도 상당히 강한 살로 이야기하고 있고 더불어 삼재풀이 부적까지도 많이 권장하고 있기도 하다. 그러나 삼재란 살도 대장군방이나 삼살방과 더불어 농경 시대와 왕권 시대에 변화와 변동보다는 안정적인 삶을 원하는 시대적 흐름에 따라 통제수단의 방편으로 쓰였을 것으로 보인다.

◼ 삼재 뽑는 법

삼재를 뽑는 법은 삼합(三合)의 띠생들이 방합(方合) 연도에는 삼재가 있다고 본다.

삼합(三合) 지지(地支)	申子辰띠	亥卯未띠	寅午戌띠	巳酉丑띠
삼재(三災) 연도(年度)	寅卯辰년	巳午未년	申酉戌년	亥子丑년

◻ 삼재의 종류

1) 천지인삼재

① 천재(天災) : 하늘로부터 받는 재앙 – 눈, 비, 가뭄, 번개, 우박

② 지재(地災) : 땅으로부터 받는 재앙 – 지진, 화산, 바람

③ 인재(人災) : 인간으로부터 받는 재앙 – 교통사고, 상해, 이혼, 질병, 명예 손상

2) 복평악삼재

① 복삼재(福三災) : 용신(用神)이나 희신(喜神)에 해당되는 삼재 연도

② 평삼재(平三災) : 한신(閑神)에 해당되는 삼재 연도

③ 악삼재(惡三災) : 기신(忌神)이나 구신(究神)에 해당되는 삼재 연도

3) 들묵날삼재

① 들삼재 : 삼재 3년 중 시작되는 연도

② 묵은삼재(묵삼재) : 삼재 3년 중 가운데에 해당되는 2년째 해당 연도

③ 날삼재 : 삼재 3년 중 마지막 연도

3 삼재의 기간

- 인신사해 출생자(寅申巳亥出生者) : 삼재가 3년간 지속된다.
- 자오묘유 출생자(子午卯酉出生者) : 묵은 삼재, 날삼재만 있다.
- 진술축미 출생자(辰戌丑未出生者) : 날삼재만 있다.

인신사해(寅申巳亥) 생(生)과 자오묘유(子午卯酉) 생은 자신의 띠년도에 삼재가 들어오지 않으며 진술축미(辰戌丑未) 생들은 자신의 띠년도에 삼재가 들어온다. 그러므로 자신의 환갑 때 삼재가 들어오는 진술축미(辰戌丑未) 생들은 환갑을 지내지 않는 것으로 일반인들에게 널리 알려져 있고 환갑잔치 대신 여행으로 대신하거나 칠순잔치로 넘기는 경우가 종종 있다.

4 삼재의 의미

삼재년에는 천재(天災), 인재(人災), 지재(地災)가 있으며 수재(水災), 화재(火災), 풍재(風災)의 자연재해도 있고 도난(盜難), 사고(事故), 질병(疾病)의 인간 재해도 발생한다고 보고 있다.

02 CHAPTER / 신살 총론

삼살방 三煞方

삼살방(三煞方)이란 삼합(三合)을 활용하여 보는 신살이다. 삼살방 또한 대장군방(大將軍方)과 마찬가지로 현대에 와서는 풍속의 하나로만 받아들이는 것이 좋겠다. 방향신살(方向神煞)이란 것이 인생을 좌우한다는 것은 현대에 와서는 불합리한 점이 너무 많고 타당성이나 과학성이 전혀 없다.

■ 삼살방 찾는 법

삼살방 찾는 법을 알려면 삼합(三合)을 알아야 한다.

인오술(寅午戌)의 삼합은 화(火)요, 화(火)는 방향으로 남쪽이다.

신자진(申子辰)의 삼합은 수(水)요, 수(水)는 방향으로 북쪽이다.

사유축(巳酉丑)의 삼합은 금(金)이요, 금(金)은 방향으로 서쪽이다.

해묘미(亥卯未)의 삼합은 목(木)이요, 목(木)은 방향으로 동쪽이다.

이때 삼합은 방향이 되고 삼합에 해당되는 방위의 정반대 방향이 삼살방이 된다.

연도	정반대 방위	삼살방
인오술(寅午戌)년	→	북쪽
삼합은 화(火), 남쪽		
신자진(申子辰)년	→	남쪽
삼합은 수(水), 북쪽		
사유축(巳酉丑)년	→	동쪽
삼합은 금(金), 서쪽		
해묘미(亥卯未)년	→	서쪽
삼합은 목(木), 동쪽		

② 삼살방의 해설

삼살방의 해설은 대장군방과 비슷하니 참조하면 된다.

③ 삼살방의 문제점

삼살방의 문제점은 대장군방과 비슷하니 참조하면 된다.

대장군방 大將軍方

대장군방(大將軍方)이란 3년마다 방향을 바꾸어 앉는 연도로 보는 신살이다. 방향의 신살이란 것이 일반 백성들에게는 꽤 많이 알려져 있고 점집이나 철학관 심지어 절에서도 중요한 비중으로 다루고 있다. 그래서 이사를 하거나 이장을 하거나 하는 등의 인간사의 변화와 변동에 큰 참고사항이나 지침으로 삼고 있는 경우가 많다. 명리학(命理學)이나 기타 다른 운명학(運命學)에 지식이 깊지 않은 사람들 중에는 대장군방, 삼살방, 삼재 등만 외워서 사람들의 인생 상담을 해주는 경우도 부지기수이다.

그렇지만 방향의 신살이란 것은 실제로는 타당성도 부족하고 큰 비중을 차지하지 못하고 있다. 방향 신살이 삶을 모두 지켜준다고 생각하여 너무 과신하는 것은 자칫 삶에 대한 노력이나 희망을 없애버릴 수 있다. 농경 시대처럼 변화나 변동이 없어야 살아가는 데 생산성이 큰 경우는 대장군방, 삼살방 등으로 인간의 변화와 변동에 대한 욕심을 줄여주는 것이 당연하다 할 것이다. 또한 왕권 시대에는 왕 이외의 일반 백성들은 함부로 변화와 변동을 하지 못하도록 막는 것이 왕권을 지키는 통치 기술의 하나였다고 볼 수 있겠다. 일반 백성들에게 쉽사리 변화와 변동을 하지 못하도록 방향 신살을 복잡하게 만들어놓음으로써 스스로 삼가도록 하였던 것이다. 그러므로 농경 시대에 사람이 가지고 있는 변화 욕구나 삶의 터전을 바꾸고 싶은 욕구를 방향 신살로 막아주기 위함이요, 왕권 시대에는 왕권을 지키기 위해서 백성들이 한곳에서 변화하지 않고 계속적으로 지키고 있도록 하고 변화를 할 때에는 신중하게 함으로써 함부로 왕권에 도전하지 못하게 하기 위해 방향 신살이 필요했던 것이다.

■ 대장군 찾는 법

대장군(大將軍)을 찾는 법을 알려면 방위(方位)의 합(合)을 알아야 한다. 방위의 합을 방합(方合)이라 부르는데 해자축(亥子丑)은 합수(合水)요, 인묘진(寅卯辰)은 합목(合木)이요, 사오미(巳午未)는 합화(合火)요, 신유술(申酉戌)은 합금(合金)이다. 이 방합(方合)을 활용하여 대장군 방위를 찾는다.

　대장군은 한 군대의 대장이다. 그러므로 앞으로만 진격해야 하지 뒤로 물러나지 않아야 된다는 의미에서 대장군방이다. 방합의 연도에는 방합의 시계 방향으로 전진해야 하는데 전방향(前方向), 즉, 반대방향에 해당되는 곳으로는 움직이면 안 된다고 하여 꺼리게 된다.

- 해자축(亥子丑)은 수(水)이니 북방(北方)에 해당한다. 그러므로 해자축년에는 수(水), 즉, 북방의 전(前) 방위인 서쪽 방위가 대장군방이 된다.
- 인묘진(寅卯辰)은 목(木)이니 동방(東方)에 해당한다. 그러므로 인묘진년에는 목(木), 즉, 동방의 전(前) 방위인 북쪽 방위가 대장군방이 된다.
- 사오미(巳午未)는 화(火)이니 남방(南方)에 해당한다. 그러므로 사오미년에는 화(火), 즉, 남방의 전(前) 방위인 동쪽 방위가 대장군방이 된다.
- 신유술(申酉戌)은 금(金)이니 서방(西方)에 해당한다. 그러므로 신유술년에는 금(金), 즉, 서방의 전(前) 방위인 남쪽 방위가 대장군방이 된다.

2 대장군 방위도

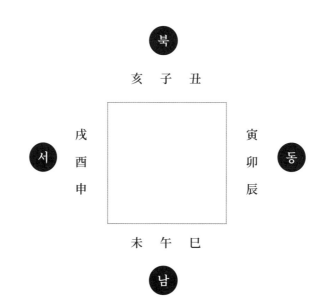

방위는 시계방향으로 북에서 동으로, 동에서 남으로, 남에서 서로, 서에서 북으로 전진해야 된다고 생각하고 있었고 이에 역행하는 것은 대장에게는 어울리지 않고 일이 모두 후퇴한다고 본 것이다.

연도		대장군방
해자축(亥子丑)년	→	서쪽
인묘진(寅卯辰)년	→	북쪽
사오미(巳午未)년	→	동쪽
신유술(申酉戌)년	→	남쪽

③ 대장군방의 해설

연도에 따라 대장군방이 존재하고 이 대장군방으로 움직이면 어려운 일들이 발생한다고 본 것이다.

- 대장군방에 해당되는 방향으로는 변화와 변동을 하지 말아야 한다.
  → 이사를 하거나 이장(移葬)을 하거나 개업하거나 출장을 가거나 직장을 들어가거나 학교를 가지 말아야 한다.
- 대장군방에 해당되는 방향에는 수리나 증축을 하지 말아야 한다.
  → 건물을 증축, 수리하거나 산소를 사초하거나 면례하거나 하지 말아야 한다.

대장군방으로 함부로 이사를 하거나 이장, 또는 매장을 하거나, 개업을 하거나 하는 변화와 변동이 있거나 수리나 증축, 개축하거나 사초, 또는 면례를 하거나 하면 큰 사건 사고가 있게 된다. 이 방향으로 함부로 변화와 변동시에는 살아서 나가기 어려울 정도로 흉악한 일들이 줄줄이 발생한다고 본 것이다.

만약 어쩔 수 없이 변화와 변동을 해야 할 때에는 이삿짐차나 상여를 대장군방이 아닌 다른 방향으로 움직여서 다리를 건넌 후 대장군방으로 움직여주면 대장군방이 해소된다고 본다.

④ 대장군방의 문제점

대장군방이란 것은 앞서 설명했듯이 농경 시대나 왕권 시대에는 어울렸을지 몰라도 현대처럼 활동을 많이 해야 하는 시대, 변화와 변동이 많은 시대에는 방향을 선택해서 움직인다는 것이 불가능하다는 문제점이 있다. 예를 들어 충청도, 경상도, 전라도에 사는 고등학교 3학년생들이 대장군방이 북쪽에 해당되는 해에 수능시험을 보았다면 그들은 서울에 있는 대학에 시험을 지원하면 모두 떨어진다고 본다. 그러나 충청도, 경상도, 전라도에 사는 고3학생들이 대장군방에 해당되는 북쪽인 서울에 있는 대학에도 충분히 지원 가능하고 합격도 한다. 그러므로 이 대장군방은 예부터 내려오던 풍습으로서 변화와 변동시 한번 생각해보고 신중하게 해야 한다는 마음가짐을 가지는 데 참고사항 정도로 끝내야 할 것이다.

04 CHAPTER / 신살 총론

손 없는 날-이사 가는 날

귀신이란 뜻의 의미를 손이라고 한 것은 예전에 우리 생활이 극도로 궁핍했을 때 집으로 찾아드는 손님(손)이 한편으로는 반가우면서도 한편으로는 대접할 것이 없어 두렵게 여겼던 데서 연유된다. 난치병으로 알려진 천연두를 '손님' '마마'라고 불렀던 것과도 같은 의미이다.

손은 중국의 술서(術書)에 나타난 태백살(太白煞)과 같다.

날짜	방위	손
1, 2, 11, 12, 21, 22	동쪽	손이 있는 방위
3, 4, 13, 14, 23, 24	남쪽	손이 있는 방위
5, 6, 15, 16, 25, 26	서쪽	손이 있는 방위
7, 8, 17, 18, 27, 28	북쪽	손이 있는 방위
9, 10, 19, 20, 29, 30	하늘	손이 없는 방위

손이 있는 방위에는 신축, 증축, 개축, 이사, 출행, 승선, 수리, 장례, 동토, 구의(求醫), 혼인, 입택(入宅), 수렵, 벌목 등 일체의 행위를 금한다. 다만 왕궁이 있는

도성에서는 모든 살(煞)이 작용하지 못한다고 믿었다.

윤달은 손이 없는 달이기 때문에 이때는 자유롭게 변화와 변동을 하였다. 윤달은 귀신이 열두 달 근무를 마치고 하늘로 올라갔거나 쉬는 기간이므로 사람들은 여유를 가지고 평소 귀신 때문에 하지 못했던 여러 가지 일을 했다. 윤달 때는 죽은 자나 조상들을 마음대로 변화, 변동시킬 수 있다 하여 이장, 매장, 사초, 면례 등을 했으며 살아있는 사람이 미리 수의를 하거나 가묘를 잡아놓기도 하였다. 우리네 조상들은 윤달에는 죽음과 관련된 일들을 자유롭게 변화 변동할 수 있는 달이라고 믿고 있었다.

매월 음력 그믐이나 29, 30일 또는 아흐레 열흘날은 손이 없는 날이라고 하여 무조건 이사를 하고 있다. 이삿짐 회사는 차가 없어 쩔쩔매고 일반인들은 차를 구하지 못하는 경우도 많은데 별 의미가 없다고 본다. 손 없는 날을 우리 선조들이 가린 것은 중요한 행사를 매사에 신중하게 하라는 당부일 뿐이라 하겠다.

05

공망 空亡

1 공망의 의미

공망이란 공망살(空亡煞), 공방살(空房煞), 천중살(天中煞)이라고도 부른다. 공망
이란 다른 살과 마찬가지로 이론적 또는 임상적 가치가 전혀 없는 살 중의 하나이
다. 공망이란 공허(空虛), 즉, 텅 비어 있다는 뜻으로 마음먹은 대로 되는 일은 없
고 자리는 있는데 월급이나 봉급은 전혀 없는 것을 말한다. 공망은 충(沖)이나 합
(合)이 없을 때 온전히 이루어지고 충이나 합이 있으면 공망이 없어진다고 해서 해
공(解空) 된다고 한다. 사주원국(四柱原局)에 있는 공망은 대운이나 연운에서 또다
시 공망된 지지(地支)가 들어오면 이 또한 해공된다고 한다. 공망은 천간은 10자이
고 지지는 12자이므로 천간이 지지에 비해 두 자가 부족하여 짝이 없어 짝을 이루
지 못하므로 공망이라고 한다.

2 공망 뽑는 법

공망은 일주로 보는 법, 연주로 보는 법, 일주로 연월시를 보고 연주로 일주를 보
는 법, 연주로 월일시를 보고 일주로 연주를 보는 법의 네 가지가 있다.

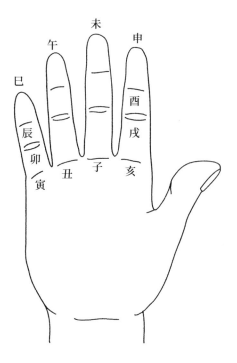

- 연주나 일주의 지지를 손가락에서 찾아 그 위에 연주나 일주의 천간을 놓고 시계 방향으로 천간의 순서대로 다음부터 세어 계(癸)까지 센다.
- 천간을 계(癸)까지 센 후 다음 두 자, 즉, 손가락 위의 계(癸) 다음 지지 두 자가 공망이 된다.
- 예를 들어 병자(丙子) 일주라면 손가락 자(子) 위에 병(丙)을 놓고 병부터 축(丑) 위에 정(丁), 인(寅) 위에 무(戊), 묘(卯) 위에 기(己), 진(辰) 위에 경(庚), 사(巳) 위에 신(辛), 오(午) 위에 임(壬), 미(未) 위에 계(癸)로 시계 방향으로 계까지 세면 계 다음 지지 두 자가 바로 신(申)과 유(酉)가 된다. 그러므로 신유(申酉)가 공망이 된다.

• 육십갑자와 공망

1순(旬)	2순(旬)	3순(旬)	4순(旬)	5순(旬)	6순(旬)
甲子	甲戌	甲申	甲午	甲辰	甲寅
乙丑	乙亥	乙酉	乙未	乙巳	乙卯
丙寅	丙子	丙戌	丙申	丙午	丙辰
丁卯	丁丑	丁亥	丁酉	丁未	丁巳
戊辰	戊寅	戊子	戊戌	戊申	戊午
己巳	己卯	己丑	己亥	己酉	己未
庚午	庚辰	庚寅	庚子	庚戌	庚申
辛未	辛巳	辛卯	辛丑	辛亥	辛酉
壬申	壬午	壬辰	壬寅	壬子	壬戌
癸酉	癸未	癸巳	癸卯	癸丑	癸亥
戌亥	申酉	午未	辰巳	寅卯	子丑

③ 공망의 종류

1) 순공

공망은 주로 순공(旬空)을 말한다. 생일 간지, 즉, 일주를 위주로 공망을 보며 연주, 월주, 시주에 공망이 있는가를 보고 연주로 일주에 공망이 있는가를 본다.

2) 진공

일주가 양(陽)일 때는 공망의 지지 두 자 중 양의 지지만을 공망으로 보고 일주가 음(陰)일 때는 공망의 지지 두 자 중 음의 지지만을 공망으로 보는 것을 진공(眞空)이라 한다.

3) 반공

일주가 양(陽)일 때는 공망의 지지 두 자 중 음의 지지를 반공(半空)으로 보고 일주가 음(陰)일 때는 공망의 지지 두 자 중 양의 지지를 반공으로 본다.

4) 좌공

공망은 지지 두 자가 되지만 지지가 공망이면 지지 위에 있는 천간도 공망으로 보는데 이 공망된 천간을 좌공(坐空)이라 한다.

5) 사대공망

사대공망(四大空亡)이 있으면 요절하거나 단명하고 발전할 수 없다고 하는데 첫째 갑자순(甲子旬)과 갑오순(甲午旬)에서 납음(納音)으로 수(水)가 없는 것을 말한다. 둘째 갑인순(甲寅旬)과 갑신순(甲申旬)에서 납음으로 금(金)이 없는 것을 말한다.

① 갑자순(甲子旬) → 사대공망(壬申, 癸酉)
  갑오순(甲午旬) → 사대공망(壬寅, 癸卯)
② 갑인순(甲寅旬) → 사대공망(壬戌, 癸亥)
  갑신순(甲申旬) → 사대공망(壬辰, 癸巳)
③ 임술, 계해, 임진, 계사 대신 경신, 신유, 경인, 신묘를 보는 이론도 있다.

▨ 공망의 해석

공망의 해석은 연월일시로 보는 법과 육신으로 보는 법, 대운과 세운으로 보는 법 등이 있다. 여기서는 연월일시로 보는 법만 간단히 해석해본다.

1) 연월일시로 보는 법

① 연주공망: 조상의 음덕이 부족하고 초년 시절에 고생을 한다.

② 월주공망: 부모형제 복이 없고 주거 및 주택 운이 없다.

③ 일주공망: 배우자와 인연이 없고 부부관계가 원만하지 못하다.

④ 시주공망: 자식과의 인연이 없고 말년에 고독하고 불우하다.

5 공망의 예

시	일	월	연
癸	丙	辛	壬
酉	戌	亥	寅

공망

시	일	월	연
甲	丁	己	甲
戌	卯	酉	申

공망 공망

6 공망을 활용하는 방법

공망을 활용하는 방법은 다양하다. 12신살론, 12운성론, 육친론, 용신론, 대운론, 세운론 등 다양한 이론에 공망을 활용한다. 다음은 각 이론에 따른 공망론의 활용 방법을 살펴보자.

1) 12신살론의 공망 적용 방법

12신살론에 공망론을 적용하는 방법을 알아보자. 이 12신살 적용법에서 긍정적 12신살과 부정적 12신살이 존재하는데 긍정적 12신살 자리에 공망이 동주(함께 있는 것)하면 부정적으로 변화하고 부정적 12신살 자리에 공망이 동주하면 긍정적으로 변화한다고 본다.

신살 총론

다음의 예를 들어보자.

1941년 11월 23일(음) 사(巳)시에 태어난 이건희 전 삼성그룹 회장의 사주이다.

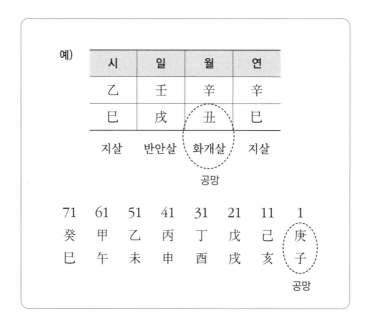

위 사주는 월지에 12신살의 화개살이 존재하는데 월지는 부모궁이고 월지 화개
살은 부모가 스님 같은 종교인이 되거나 한다. 월지에 공망이 있으니 화개살이 해
소되어 화개살의 부정적인 요소가 해소된다고 보고 있다.

2) 12운성론의 공망 적용 방법

12운성론에 공망론을 적용하는 방법을 알아보자. 이 12운성의 적용법에서 또한
긍정적 12운성과 부정적 12운성이 존재하는데 긍정적 12운성에 공망이 동주하면
부정적 12운성으로, 부정적 12운성에 공망이 동주하면 긍정적 12운성으로 변화한
다고 해석하고 있다.

이건희 전 삼성그룹 회장의 사주를 다시 분석해보자.

예)	시	일	월	연
	乙	壬	辛	辛
	巳	戌	丑	巳
	포(절)	관대	쇠	포(절)
			공망	

71	61	51	41	31	21	11	1
癸	甲	乙	丙	丁	戊	己	庚
巳	午	未	申	酉	戌	亥	子
포	태	양	생	욕	대	관	왕
							공망
지살	연살	월살	명신살	장성살	반안살	역마살	육해살

위 사주는 12운성법으로 보면 연월시가 모두 흉신(凶神)에 해당되는 절(絕)과 쇠
(衰)로 이루어져 있다. 자(子)와 축(丑)이 임술일주로 살펴보면 공망에 해당된다.
월지축(丑)은 12운성으로 쇠(衰)에 해당되는데 흉신에 공망이 있으니 흉신의 작용
이 사라졌다고 보고 있는 것이다. 그러나 자체적으로 길신(吉神)이 있는 것보다는
작용이 긍정적이지 않다고 본다.

그런데 이건희 전 회장의 연지에 포(胞)와 시지에 포는 조부모 복과 자식복이 없
다는 논리인데 이건희 전 회장의 조부는 이병철 삼성그룹 창업주의 아버지로서 경
남 밀양의 부자로 삼성가 재산의 기초가 되었고 그 재산을 바탕으로 이건희 전 회
장이 있었다고 보면 타당성이 부족하다 하겠다. 1세 대운에 공망이 들어오고 육해
살이 들어오니 육해살이 해소되었다고 본다.

3) 육친론의 공망 적용 방법

육친론에 공망 적용 방법은 매우 단순하기 때문에 이해하기 쉽다. 지지의 육친에 공망이 있으면 해당되는 육친과의 인연이 없다고 본다. 비겁(比劫)에 공망이 있으면 비겁, 즉, 형제·친구와 인연이 없고 재성에 공망이 있으면 재물과 부인과의 인연이 없다고 본다.

예) 1956년 8월 22일(음) 진시 곤(坤)

시	일	월	연
戊	甲	乙	乙
辰	戌	酉	巳

공망

쇠	양	태	병
천살	반안살	장성살	지살
편재	편재	정관	식신

67	57	47	37	27	17	7
壬	辛	庚	己	戊	丁	丙
辰	卯	寅	丑	子	亥	戌
쇠	왕	관	대	부	생	양
천살	재살	겁살	화개살	육해살	역마살	반안살
						공망

위 사주에 월지 유금(酉金) 정관이 공망이다. 근묘화실론으로 보면 부모형제와의 인연이 없다고 보고, 육친으로 보면 남편과의 인연이 없다고 본다.

4) 용신론의 공망 적용 방법

사주원국이나 대운, 세운의 용신(用神)이나 희신(喜神)에 공망이 있으면 용신, 희신이 작용을 하지 못하고 기신(忌神), 구신(仇神)에 공망이 있으면 기신이나 구신이 작용을 하지 못한다는 논리로 용신론에 응용하고 있다.

예를 하나 들어보자.

예) 1958년 9월 10일(음) 사시 곤(坤)

시	일	월	연
乙	壬	壬	戊
巳	申	戌	戌
		공망	공망
망신살	역마살	화개살	화개살
편재	편인	편관	편관
포	장생	관대	관대

64	54	44	34	24	14	4
乙	丙	丁	戊	己	庚	辛
卯	辰	巳	午	未	申	酉

위 사주는 술월(戌月)의 임신(壬申) 일주로 사주원국에 화(火)와 토(土)의 기세가 왕성하여 신약한 사주이다. 길한 토를 억제시키면 좋으니 금(金)이나 목(木)으로 용신을 사용하면 좋은데 목(木)은 힘이 약하고 더불어 일간의 세력도 약하니 생하기가 벅차다. 하는 수 없이 일지의 신금(申金)으로 용신을 삼는 것이 타당하다. 기신 술토(戌土)에 공망이 있으니 기신에 제구실을 못한다고 보고 사주에 기신을 공

망으로 묶어 좋은 역할을 한다고 보는 것이다.

5) 대운론, 세운론의 공망 적용 방법

대운론, 세운론에 공망을 적용하는 방법은 위에 설명하였다. 대운이나 세운에서 12신살이나 12운성, 육친이나 용신을 활용하여 그곳에 공망이 있으면 각각의 특성이 사라지는 것을 말한다.

06

12신살 十二神煞

12신살(十二神煞)은 겁살(劫煞), 재살(災煞), 천살(天煞), 지살(地煞), 연살(年煞), 월살(月煞), 망신살(亡身煞), 장성살(將星煞), 반안살(攀鞍煞), 역마살(驛馬煞), 육해살(六害煞), 화개살(華蓋煞)을 가리킨다.

① 12신살 암기 방법

삼합				충(沖)	동(同)	전(前)	후(後)
寅	申	巳	亥	역마살	지살	천살	연살
午	子	酉	卯	재살	장성살	망신살	반안살
戌	辰	丑	未	월살	화개살	육해살	겁살

② 12신살 뽑는 방법

일순(一旬): 연지를 기준으로 월 일 시를 보고, 일지를 기준으로 연을 본다.

이순(二旬): 일지를 기준으로 연 월 시를 보고, 연지를 기준으로 일지를 본다.

삼순(三旬): 연지를 기준으로 연 월 일 시를 본다.

1) 연주

겁살: 자수성가, 선조대는 비명횡사

재살: 질병, 관재구설이 많음

천살: 객지에서 고생, 선친 비명횡사

지살: 타향 거주, 선조대 객사

연살: 부부 애정 많음, 선조는 도화병으로 사망

월살: 되는 일 없다, 조상은 굶주린 영혼

망신살: 타향에서 고생, 선대의 유업 몰락, 객사

장성살: 만인 통솔, 조상은 전사

반안살: 조상의 덕으로 영화 누림

역마살: 타향살이, 조상은 객사

육해살: 양자 입양, 선조는 종교를 무시

화개살: 타향살이

2) 월주

겁살: 조실부모, 객지에서 단명 횡사

재살: 실물수, 관재구설, 부모형제간 비명횡사 또는 객사

천살: 부모형제 덕 없다, 급괴질 비명횡사

지살: 자수성가, 부모형제 객사

연살: 재산 없다, 부모형제 재산 탕진 사망

월살: 되는 일 없다, 부모형제 죽음은 걸인의 영혼이다

망신살: 객사

장성살: 병권(兵權) 잡지만 부모형제는 전쟁터에서 사망

반안살: 이름 날리며 부모형제와 화목

역마살: 사업으로 재물 얻으나 부모형제 객사

육해살: 골육의 정이 없고 신앙 생활

화개살: 부모 덕 없다

3) 일주

겁살: 부부지간 생사 이별

재살: 부부지간 비명횡사

천살: 부부지간 이별수

지살: 부부지간 이별수, 교통사고나 화재수

연살: 만사가 불길

월살: 부부의 이별수

망신살: 부부지간의 이별수

장성살: 명예는 있다 하나 근심 있고 부부지간에 별거, 이별

반안살: 부부지간 백년안락하며 집안에 경사

역마살: 배우자는 객사가 확실

육해살: 부부지간에 정을 버리고 살 팔자

화개살: 본처와 이별, 수도자 된다.

4) 시주

겁살: 자식 귀하고 말년이 고독

재살: 자식 덕 없고 가출 또는 비명횡사

천살: 자식의 죽음 또는 감옥 형액

지살: 부모 자식간의 이별수

연살: 부부 이별수, 자손의 화류계 진출

월살: 자식 근심, 객사 자식

망신살: 말년 한탄할 일 많다

장성살: 대인은 녹이 더할 것이요 소인은 길할 것이나 자식이 나라에 충성

반안살: 자손 출중, 명성

역마살: 자식의 타향살이

육해살: 자손이 신앙에 몸 바칠 것

화개살: 후반기에 경영하는 바 성공

12신살은 연지를 기준으로 뽑는 방법과 일지를 기준으로 뽑는 방법이 있다. 처음에는 연지 위주로 신살을 뽑았는데, 12신살 이론이 타당성이 없다 보니 사주팔자 상담이 제대로 이루어지지 않았다. 그래서 일지로 보는 법을 다시 만들었는데 이것이 오히려 혼란을 가중시키고 있다. 결과적으로 사주명리학자에 따라 어떤 사람은 연지로 본다고 하고, 어떤 사람은 일지로 본다고 하여 이론만 분분한 상황이다. 정리하면 다음과 같다.

① 연지로 연월일시지를 본다.

② 일지로 연월일시지를 본다.

③ 연지로 월일시지를 보고
   일지로 연지를 본다.

④ 일지로 연월시지를 보고
   연지로 일지를 본다.

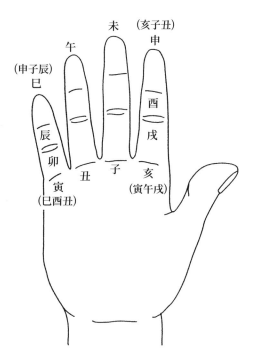

③ 12신살 도표 만들기

12신살이란 겁살(劫煞)·재살(災煞)·천살(天煞)·지살(地煞)·연살(年煞)·월살(月煞)·망신살(亡身煞)·장성살(將星煞)·반안살(攀鞍煞)·역마살(驛馬煞)·육해살(六害煞)·화개살(華蓋煞)의 길흉신살(吉凶神煞)을 다 합칭(合稱)한 술어이다.

이 12신살은 생년지를 기준으로 하는데 예를 들어 쥐띠와 용띠와 원숭이띠는 사(巳)가 겁살(劫煞)이 되어 시계 방향으로 돌아가며, 소띠와 뱀띠 그리고 닭띠는 인(寅)부터 겁살이 되며, 호랑이띠·말띠·개띠는 해(亥)부터 겁살이 되며 돼지띠와 토끼띠 그리고 양띠는 신(申)부터 겁살이 된다.

십이신살 생년	겁살 (劫煞)	재살 (災煞)	천살 (天煞)	지살 (地煞)	연살 (年煞)	월살 (月煞)	망신살 (亡身煞)	장성살 (將星煞)	반안살 (攀鞍煞)	역마살 (驛馬煞)	육해살 (六害煞)	화개살 (華蓋煞)
자(子)	巳	午	未	申	酉	戌	亥	子	丑	寅	卯	辰
축(丑)	寅	卯	辰	巳	午	未	申	酉	戌	亥	子	丑
인(寅)	亥	子	丑	寅	卯	辰	巳	午	未	申	酉	戌
묘(卯)	申	酉	戌	亥	子	丑	寅	卯	辰	巳	午	未
진(辰)	巳	午	未	申	酉	戌	亥	子	丑	寅	卯	辰
사(巳)	寅	卯	辰	巳	午	未	申	酉	戌	亥	子	丑
오(午)	亥	子	丑	寅	卯	辰	巳	午	未	申	酉	戌
미(未)	申	酉	戌	亥	子	丑	寅	卯	辰	巳	午	未
신(申)	巳	午	未	申	酉	戌	亥	子	丑	寅	卯	辰
유(酉)	寅	卯	辰	巳	午	未	申	酉	戌	亥	子	丑
술(戌)	亥	子	丑	寅	卯	辰	巳	午	未	申	酉	戌
해(亥)	申	酉	戌	亥	子	丑	寅	卯	辰	巳	午	未

４ 12신살의 의미

12신살은 12가지의 신살, 즉, 겁살, 재살, 천살, 지살, 연살, 월살, 망신살, 장성살, 반안살, 역마살, 육해살, 화개살을 통칭하는 말이다. 12신살은 그것만 가지고도 책 한 권을 쓸 수 있을 만큼 내용이 방대하다.

그러나 12신살은 12운성, 공망과 더불어 이제는 철저하게 검증하고 통계를 거쳐 과감하게 수정하고 재검토하여 사주명리학의 과거로 사라져야 할 이론과 새로운 이론으로 나뉘어 재탄생해야 한다.

그럼에도 불구하고 이렇게 기존의 12신살을 비중 있게 다루는 이유는 아직까지 사주팔자 상담에 12신살을 활용하는 사람들이 많기 때문이다. 사주명리학 이론을 공부하는 독자분들 역시 신살 이론들을 정확하게 이해하고 있어야 한다. 그래야 상담하러 온 사람들을 현혹하는 사이비 역술가들의 잘못을 단호하게 지적할 수 있을 것이다. 사주명리학에서 사라져야 하거나 현재의 상태에서 대폭 수정하고 개선하여 새롭게 통계내고 검증해야 할 이론인 데다 신살 종류가 다양하고 내용이 방대하여 조금은 힘들겠지만, 사이비 학설을 뿌리 뽑는다는 일념으로 공부해나가길 바란다.

1) 해외를 왕래하는 사주는 따로 있나요?

사주팔자에 해외를 왕래하거나 이민 가거나 하는 사주가 분명 따로 있다. 해외를 왕래하거나 이민 가거나 하는 사주가 아니어도 해외로 왕래하거나 이민 가는 경우도 있기는 하지만 해외 왕래나 이민 가는 사주로 타고난 사람은 해외를 왕래하면서 또는 해외로 이민 가면서 자신의 삶을 꽃피울 수 있다. 그렇다면 이런 삶을 사는 사주는 어떤 사주인가. 바로 역마살(驛馬煞)이다. 역마살은 꾸준히 움직이고 활동하면서 자신의 삶을 다 살게 된다. 역마살은 사주에 인신사해술(寅申巳亥戌)이 많거나 술술(戌戌)이 병존(竝存)되어 나란히 붙어 있거나 무무(戊戌)가 병존되어 나란히 붙어 있거나 하는 경우이다. 이런 사주는 해외에 이민, 유학, 해외 왕래를 하는 직업을 선택하면 좋다.

⑤ 12신살의 종류

지지의 수장법을 활용하면 연지나 일지를 기준으로 12신살을 뽑을 때 편리하다.

- 연지나 일지가 인오술(寅午戌)일 때는 해(亥)에서 겁살이 시작되어 재살, 천살, 지살, 연살, 월살, 망신살, 장성살, 반안살, 역마살, 육해살, 화개살의 순서로 시계 방향으로 손가락을 세어 나간다.
- 연지나 일지가 신자진(申子辰)일 때는 사(巳)에서 겁살이 시작되어 재살, 천살, 지살, 연살, 월살, 망신살, 장성살, 반안살, 역마살, 육해살, 화개살의 순서로 시계 방향으로 손가락을 세어 나간다.
- 연지나 일지가 사유축(巳酉丑)일 때는 인(寅)에서 겁살이 시작되어 재살, 천살, 지살, 연살, 월살, 망신살, 장성살, 반안살, 역마살, 육해살, 화개살의 순서로 시계 방향으로 손가락을 세어 나간다.
- 연지나 일지가 해묘미(亥卯未)일 때는 신(申)에서 겁살이 시작되어 재살, 천살, 지살, 연살, 월살, 망신살, 장성살, 반안살, 역마살, 육해살, 화개살의 순서로 시계 방향으로 손가락을 세어 나간다.

• 12신살의 구성

살	겁살	재살	천살	지살	연살	월살	망신살	장성살	반안살	역마살	육해살	화개살
12운성	절	태	양	장생	목욕	관대	건록	제왕	쇠	병	사	묘
인오술 (寅午戌)	亥	子	丑	寅	卯	辰	巳	午	未	申	酉	戌
신자진 (申子辰)	巳	午	未	申	酉	戌	亥	子	丑	寅	卯	辰
사유축 (巳酉丑)	寅	卯	辰	巳	午	未	申	酉	戌	亥	子	丑
해묘미 (亥卯未)	申	酉	戌	亥	子	丑	寅	卯	辰	巳	午	未

• 연지에 12신살이 있을 때의 특징

신살	특징	길흉 분석
겁살	조업 계승 불가, 객지 생활, 선대조 비명횡사	흉
재살	관재구설과 구설이 있음, 부모형제가 급질이나 혈관 질환으로 사망	흉
천살	객지에서 고생함, 매사 막힘, 조부모 비명횡사	흉
지살	객지에서 고생함, 선대조 객사·재산 탕진	흉
연살	부부간에 외도에 빠짐, 선대조가 바람을 피다 사망함	흉
월살	노력해도 모든 일이 허사가 됨, 선대조가 굶어 죽음	흉
망신살	객지에서 고생함, 선대조의 유업 계승 불가, 객사함	흉
장성살	모든 사람을 통솔함, 권력을 잡음, 선대조가 전사함	길
반안살	조상과 부모의 덕이 있음, 일평생 영화를 누림	길
역마살	객지로 떠돌며 고생함, 선대조가 객사함	흉
육해살	양자로 입양됨, 믿음이 부족함, 선대조가 건강 악화로 사망함	흉
화개살	객지에서 고생함, 유산을 탕진함, 가난하게 살아감	흉

• 월지에 12신살이 있을 때의 특징

신살	특 징	길흉 분석
겁살	조실부모함, 부모형제가 불구가 되거나 단명함, 형제끼리 무정함	흉
재살	실물수가 많음, 관재수가 있음, 부모형제가 비명횡사나 객사함	흉
천살	부모형제 덕이 없음, 부모형제의 급질·괴질, 부모형제 비명횡사	흉
지살	유산을 탕진함, 객지에서 고생함, 부모형제가 객사함	흉
연살	부모형제가 주색을 탐닉함, 부모형제가 주색잡기로 사망, 패가망신	흉
월살	분주하고 일이 많음, 부모형제가 굶어 죽음, 매사 막힘	흉
망신살	부모형제가 객사함, 부모형제 변동수가 많음	흉
장성살	무관에 뛰어남, 병권을 잡음, 부모형제가 전사함	길
반안살	명예를 드날림, 관운이 있음, 부모형제가 화목함	길
역마살	부모형제가 객사함, 객지 생활, 분주하고 일이 많음	흉
육해살	부모형제끼리 무정함, 주변사람으로 어려움을 겪음, 현실회피 신앙 생활	흉
화개살	부모형제 덕이 없음, 차남이어도 장남 노릇함, 가문을 책임져야 함	흉

• 일지에 12신살이 있을 때의 특징

신살	특 징	길흉 분석
겁살	부부가 생사 이별함, 남자는 첩을 둠, 본인이나 배우자가 질병으로 고생함	흉
재살	생활이 불안정함, 부부가 비명횡사함, 인생이 파란만장함	흉
천살	부부가 생사 이별함, 부부가 비명횡사함, 가정생활 파탄	흉
지살	매사 분주하고 일이 많음, 부부 이별, 부부가 객지에서 비명횡사함	흉
연살	부부관계가 소원함, 부부가 음란방탕함, 매사 불길함	흉
월살	매사 분주하고 일이 많음, 부부 이별, 노력의 성과가 없음	흉
망신살	부부 이별, 하는 일마다 망신 당함, 배우자가 자주 바뀜	흉
장성살	명예가 따름, 항상 근심 걱정함, 부부가 생사 이별함	길

반안살	가정이 안정되고 행복함, 부부가 화목함, 재산이 풍족함	길
역마살	배우자와 생사 이별함, 주색으로 방탕함, 타향살이	흉
육해살	종교에 귀의함, 부부지간 애정이 없음, 재산과 재물이 없음	흉
화개살	본처와 생사 이별함, 종교에 귀의함, 배우자와 인연이 없음	흉

• 시지에 12신살이 있을 때의 특징

신살	특 징	길흉 분석
겁살	자식을 두기 힘듦, 자식이 방탕하거나 불구가 됨, 자식이 단명함	흉
재살	자식 덕이 없음, 자식이 비명횡사함, 자식이 피 흘리고 죽음	흉
천살	자식이 비명횡사함, 자식이 감옥에 감, 자식과 생사 이별함	흉
지살	자식과 생사 이별함, 자식이 타향살이함, 자식과 관계가 소원해짐	흉
연살	부부관계 악화, 자식이 음란함, 자식이 화류계에 종사함	흉
월살	자식이 불효함, 자식으로 인한 근심걱정이 있음, 자식이 단명함	흉
망신살	말년이 불우함, 자식 복이 없음, 자식으로 인한 근심걱정이 있음	흉
장성살	말년에 크게 성공함, 자식이 관직에서 성공함, 가정이 편하고 행복함	길
반안살	말년이 행복함, 자식 복이 있음, 부부가 해로함	길
역마살	자식이 타향살이함, 자식과 생사 이별함, 말년에 객지에서 사망함	흉
육해살	자식이 종교에 귀의함, 말년에 건강이 악화됨, 말년에 독수공방함	흉
화개살	자식이 종교에 귀의함, 가문에 영광이 따름, 재물이 없고 명예가 있음	흉

6 12신살의 해설

12신살이 연주에 있으면 조부모 복, 월주에 있으면 부모형제 복, 일주에 있으면 배우자 복, 시주에 있으면 자식 복의 여부를 본다. 연월일시의 간지에 긍정적인 신살이 있으면 복이 있다고 보고, 부정적인 신살이 있으면 복이 없다고 본다. 그런데 앞의 표에서 보듯이 12개의 신살 중에서 부정적인 신살이 10개이므로 12명 중에서 10명은 조부모 복, 부모형제 복, 배우자 복, 자식 복이 없고 단 2명만이 그러한 복이 있다는 결론이 나온다.

간혹 사주명리학자에 따라 단식으로 보지 않고 복식으로 보는 경우가 있다. 예를 들어, 나쁜 신살이라도 12운성이 긍정적인 것이거나 신살 중에서 좋은 신살과 함께 하면 긍정적인 역할을 한다는 것이다. 그러나 이 역시 좋은 신살도 12운성이 나쁜 작용을 하거나 나쁜 작용을 하는 신살과 함께 있다면 부정적인 신살로 보기 때문에 12신살의 내용이 크게 달라지지는 않는다. 12운성이나 기타 신살들 또한 부정적인 것이 긍정적인 것보다 많으므로 12신살의 의미는 변하지 않을 것이다.

연주에 부정적인 신살에 해당되는 겁살, 재살, 천살, 지살, 연살, 월살, 망신살, 역마살, 육해살, 화개살 등 10개의 신살이 있으면 조부모가 단명했거나 조부모 복이 없다고 한다. 현재 50대 이상의 성인들에게는 이 이야기가 통한다. 다시 말해서, 연주에 위 10개 중 한 신살만 있어도 '조부모 복이 없겠네', '조상 중 객사한 사람 있지' 하고 대부분의 사람들에게 적용할 수 있었다.

이것은 그 당시의 시대적인 배경과 큰 관련이 있다. 지금 50대 이상의 성인들은 조부모를 포함하여 가족 중에 일제 치하 당시 일본에 강제징용을 당하고 사망하거나 생사가 확인되지 않은 사람, 광복이 되자마자 6. 25를 겪으며 희생된 사람, 베트남 전쟁에 참전하여 희생된 사람, 5.18 광주민주화 항쟁 때 희생된 사람, 그리고 이승만, 박정희, 전두환, 노태우로 이어지는 독재에 항거하다 희생된 사람 등을 어렵지 않게 볼 수 있다. 또한 그 당시에는 보릿고개란 말이 있을 만큼 먹을 것이 풍족하지 않았다. 일제강점기에서 6.25로 이어지며 경제적 궁핍이 극에 달했기 때문이다. 자연히 굶어 죽거나 병으로 단명하는 사람이 많았고, 먹고 살기 위해 고향을 떠나 객지로 떠도는 사람이 많다보니 객사하는 사람이 많았다.

이 같은 사실에서 알 수 있듯이, 50대 이상의 성인들은 긍정적인 삶보다는 부정적인 삶을 살아왔다. 그래서 이들 세대의 어떤 누구에게라도 '당신 운명은 많이 힘들어', '당신 운명은 꼬였군' 하고 말하면 듣는 입장에서 고개를 끄덕일 수밖에 없다. 따라서 신살이 그 사람의 운명을 알아맞힌 것이 결코 아니다. 시대적인 상황 때문에 불행을 겪을 수밖에 없었는데도, 사이비 역학자들은 이것을 굳이 신살과 관련지어 설명하고 스스로 족집게 행세를 하는 것이다.

이제는 사람의 복잡다단한 삶을 대충 눈치로 알아맞히거나, 무조건 사주팔자가 나빠서 삶이 힘들다고 말해주어서는 안되는 시대가 되었다. 부정적인 신살들을 들먹이며 얼렁뚱땅 운명 판단을 해서는 웃음거리만 되기 십상이다. 이제는 과학적, 통계적인 임상을 거친 내용들을 구체적인 삶의 흔적들과 맞추어 나가면서 사주팔자를 상담하지 않으면 안되는 시대임을 사주명리학을 공부하는 사람 모두 명심해야 한다.

▨ 12신살의 의미 분석

1) 겁살의 의미 분석

겁살(劫煞)의 겁(劫)은 빼앗기다, 빼앗다의 뜻으로 겁살이란 타인에게 겁탈(劫奪)과 강탈(强奪)을 당한다는 뜻이 존재한다. 겁탈이나 강탈이란 재물 탈취, 강간, 강제 차압, 강제 압류, 강제 철거 등을 이야기한다. 아무리 성실하고 선량하게 행동했다 해도 결과가 좋지 않아 재물의 손실을 입고, 사건 사고가 발생하게 되거나 괴이한 질병에 걸리게 된다. 불화가 끊이지 않고 부정한 일들이 생기고 관재수가 끊이지 않게 되며 몸과 마음이 강제적인 제약을 받게 된다고 보고 있다.

2) 재살의 의미 분석

재살(災煞)은 수옥살(囚獄煞)이라고도 하는데 목숨과 명예를 걸고 피가 튀는 싸움을 하거나 사고가 발생하게 됨을 의미한다. 실질적인 권력을 잡기 위한 치열하고 엄청난 승부로 인하여 투쟁하게 되어 싸움과 사고, 납치와 감금, 관재 구설, 소송 등 몸과 마음이 구속되게 되는 일을 겪게 되는 무서운 살 중의 하나라고 보고 있다.

3) 천살의 의미 분석

천살(天煞)은 갑작스럽고 황당하게 발생하는 불의의 천재지변이나 사건, 사고의 화(禍)를 당한다는 살로 보고 있기에 태풍, 홍수, 지진, 화재, 가뭄, 벼락 등의 자연 재해가 발생하고 심장마비, 뇌출혈, 뇌일혈, 암, 정신병, 중풍, 언어장애, 급성마비, 전염병, 교통사고 등 뜻하지 않은 사건과 사고가 발생하게 된다는 살로 보고 있다.

4) 지살의 의미 분석

지살(地煞)은 땅의 살, 땅의 움직임이 있는 살로서 활동력이 매우 크고 역마살(驛馬煞)과 매우 유사한 의미를 지니고 있다. 변화와 변동의 살이므로 이사, 여행, 타향 객지 생활, 직장 변동, 가정 변동, 차량 사업, 유학 생활, 해외 이민 등의 변화와 변동이 있다고 보고 있다.

5) 연살의 의미 분석

연살(年煞)은 도화살(桃花煞)이라고도 하는데 색기가 있고 쾌락적이라는 의미가 있다. 신경이 예민하고 화려하며 아름다운 것을 좋아하니 남녀간의 성욕을 탐하고 바람기가 넘쳐 음탕하고 색정 문제에 빠지게 된다. 놀기 좋아하고 생활이 불안하며 쾌락적이다 보니 향락에 젖어 살게 된다는 의미가 있다고 보고 있다.

6) 월살의 의미 분석

월살(月煞)은 믿음을 가지고 있는 사람은 신의가 파괴되고, 신앙을 갖고 있는 사람은 종교 교리를 위반하거나 파괴하고, 새로운 시작을 하는 사람은 불행하게 출발하게 된다는 의미가 있다. 또한 가지고 있는 것이 모두 새어 나가거나 저장해둔 창고를 파괴하여 자원과 자본이 고갈되는 작용을 한다는 의미가 있다. 그러므로 성당, 교회, 사찰 등을 파괴하거나 성당, 교회 사찰과 관련된 관재수가 생기기 쉽다. 집의 이사, 건축, 개축, 새로운 일의 개업, 확장, 약혼, 결혼, 입학, 입사 등의 새로운 출발이 오히려 불행해져 재산이 흩어지고 사업 부진, 자금 부도, 각종 신체 기능의 마비 등이 발생한다고 보고 있다.

7) 망신살의 의미 분석

망신살(亡身煞)은 외부에서 찾아오는 것보다는 안에서, 또는 가까운 곳에서 발생하는 것으로 가족간의 생사 이별, 다툼, 송사 등이 있게 되거나 사업 부도, 실물, 도난, 손실, 명예 손상, 관재수, 구설수 등의 일들이 발생한다고 본다. 또한 신체에 이상이 발생하여 후천성 면역결핍증, 성병 등의 망신을 당할 질병이 발생할 수 있다고 본다.

8) 장성살의 의미 분석

장성살(將星煞)은 강력하고 왕성한 힘과 과감성을 겸비하고 진취적인 생각과 인내와 끈기가 있기에 어떤 힘든 상황도 뚫고 나가는 힘을 가지고 매사에 성취하고 성공시켜 나가는 능력이 있다고 본다. 특히 이 살은 무관(武官)과 관련이 있어 군인, 경찰, 법조인 등이 되면 명예를 얻고 크게 성공하여 높은 지위까지 오르게 된다고 보고 있다.

9) 반안살의 의미 분석

반안살(攀鞍煞)은 말의 안장을 상징하여 말 등 위에 편안한 안장을 얹고 올라 탄다는 의미로 보니 오늘날엔 벤츠와 같은 고급 승용차를 탄다고 보면 될 것이다. 명예를 크게 얻게 되고 승진과 출세가 쉽게 열리게 되어 어느 곳에서 일을 하든 최고의 위치에 오르게 되고 명예와 복록의 상징이라고 보고 있다.

10) 역마살의 의미 분석

역마살(驛馬煞)은 지살(地煞)과 비슷한 의미로 땅을 움직인다고 보며 활동성이 넘쳐서 가만히 있지 못하고 바삐 움직이고 돌아다니는 것을 의미하며 변화와 변동이 많은 것이 특징인 살이다. 변화와 변동이란 어릴 적에 고향을 떠나거나, 장거리 여행을 하거나, 이사를 자주 하거나, 운수업과 관련된 일을 하거나, 해외를 왕래하는 직업을 갖거나, 유학이나 이민을 떠나게 되는 등의 일이 있다고 본다. 또한 운동선수, 군인, 경찰처럼 활동성이 많은 사람이나 비행사, 스튜어디스, 항해사, 외교관, 관광 안내, 무역업 등 해외를 왕래하는 직업이나 운전사와 같은 운수업에 종사하거나 방송이나 언론, 출판 등을 통해 멀리까지 소개되고 먼 곳에 자신을 알리게 되는 일이 있다고 본다.

11) 육해살의 의미 분석

육해살(六害煞)은 직역하면 여섯 가지의 해가 되는 살로서 질병과 재난이 끊이지 않아 매사가 막히고 신음할 일이 발생한다고 보고 있다. 또한 오래된 것으로도 보므로 평생 질병을 짊어지고 가는 소아마비, 뇌성마비, 맹인, 농아 등의 질병이 발생한다고 보고 있다. 더불어 화재나 수재와 같은 천재(天災)의 일이 발생하고 관재수로 어려움을 겪게 된다고 보고 있다.

12) 화개살의 의미 분석

화개살(華蓋煞)은 저장 창고라고 보기도 하는데 가을에 수확한 것을 긴 겨울 동안 저장했다가 봄이 되어 조금씩 꺼내 쓰게 되는 것이고 생산보다는 소비를 상징하기도 한다. 고독과 종교의 의미를 가지고 있으므로 연예 계통이나 예술, 문화, 방송 등 화려함 속에 외로움을 가지고 있는 직업이나 신부, 수녀, 목사, 스님 등의 일을 하게 되어 종교와 인연이 깊다고 보고 있다.

8 12신살의 사주 분석

12신살의 사주 분석은 12신살이 사주 내에 있을 때 어떤 작용을 하는가를 알아보는 것이다. 12신살의 사주 분석은 연월일시를 각각 운명으로 보는 한운(限運)으로 보는 방법과 육친으로 보는 방법이 있다. 대체적으로 12신살은 연월일시로 살펴보는 방법을 주로 사용하기에 이곳에서는 연월일시로 보는 방법만 정리하고자 한다. 한운은 어떤 의미가 있는가를 알아보자.

사주	가족관계	운(運)
연주(年柱)	조부모	초년운 (01세 ~ 20세)
월주(月柱)	부모, 형제	청년운 (21세 ~ 40세)
일주(日柱)	본인, 배우자	중년운 (41세 ~ 60세)
시주(時柱)	자녀	말년운 (61세 ~ 사망)

• 보는 방법

첫째, 12신살을 가지고 연월일시를 살펴보아 조부모, 부모, 형제, 본인, 배우자, 자녀 복의 여부를 알아본다.

둘째, 12신살을 가지고 연월일시를 살펴보아 초년운, 청년운, 중년운, 말년운을 알아본다.

셋째, 12신살을 가지고 육친을 살펴보아 육친복 여부를 알아본다.

1) 사주 겁살의 분석

① 연주에 겁살(劫煞)이 있을 때

가문과 인연이 없어 가문을 이어받기 어려우며 고향을 떠나 일찍 타향 객지로 나가게 되고 초년에는 객지에서 고생하게 된다. 선대 조상과 조부모는 비명횡사한 팔자라고 보고 있다.

② 월주에 겁살이 있을 때

조실 부모하거나 부모나 형제와의 인연이 없다. 부모형제 중에 신체의 불구자가 있거나 비명횡사를 조심해야 한다고 보고 있다.

③ 일주에 겁살이 있을 때

부부 사이 생사이별하거나 외도를 하게 되고 본인이나 배우자가 질병으로 고생하게 된다고 보고 있다.

④ 시주에 겁살이 있을 때

자식과의 인연이 없어 자식 얻기가 힘들거나 자식이 있어도 신체가 불구거나 방탕한 자식을 두게 되고 자식이 비명횡사하거나 혈관사 하기 쉽다고 보고 있다.

2) 사주 재살의 분석

① 연주에 재살(災煞)이 있을 때

본인에게 질병이 끊이지 않고 잔병치레를 하고 관재수나 구설수가 늘 따라다니며 선대 조상과 조부모 중에는 급질이나 혈관사로 비명횡사한 사람이 있다고 보고 있다.

② 월주에 재살이 있을 때

관재수나 횡액수가 있게 되고 도둑을 맞거나 하는 사업이 부도나거나 하는 실물

(失物)수가 있게 되고 부모나 형제 중에 비명횡사하거나 객사한 사람이 있다고 보고 있다.

③ 일주에 재살이 있을 때

한평생 인생이 파란만장한 굴곡이 있고 불안정한 삶을 영위하게 되고 본인이나 배우자와의 관계도 나쁘고 비명횡사하거나 혈관사 할 수 있다고 보고 있다.

④ 시주에 재살이 있을 때

자녀와의 인연이 박약하여 신체 불구 자식이 있거나 방탕한 자식을 두게 되고 자식이 비명횡사하거나 혈관사 할 수 있다고 보고 있다.

3) 사주 천살의 분석

① 연주에 천살(天煞)이 있을 때

일찍 고향을 떠나 타향 객지에서 고생하며 매사에 꼬이고 나쁜 일들이 반복된다고 본다. 선대 조상과 조부모 중에 비명횡사하거나 혈관사 하는 사람이 있었다고 보고 있다.

② 월주에 천살이 있을 때

부모형제와 인연이 없고 부모형제는 비명횡사하거나 혈관사 하는 사람이 있다고 보고 있다.

③ 일주에 천살이 있을 때

배우자와의 인연이 없고 항상 다투거나 헤어져 살게 되는 아픔이 있게 되고 본인이나 배우자가 생사 이별수가 있어 비명횡사할 수 있다고 본다.

④ 시주에 천살이 있을 때

자식과의 인연이 부족하여 신체 불구 자식이 있거나 방탕하는 자식이 있게 되고 자식이 비명횡사할 수 있다고 보고 있다.

4) 사주 지살의 분석

① 연주에 지살(地煞)이 있을 때

고향과 인연이 없어 일찍 고향을 떠나 타향에서 살아가며 선대 조상과 조부모는 객지에서 비명횡사했다고 보고 있다.

② 월주에 지살이 있을 때

부모형제와의 인연이 없고 가업을 물려받을 수가 없으며 자수성가해야 할 팔자이며 부모형제는 객지에서 비명횡사했다고 보고 있다.

③ 일주에 지살이 있을 때

항상 몸이 동분서주 바빠지고 동서남북으로 움직임이 크다고 본다. 부부간에도 서로 뿔뿔이 자기 갈 길을 가는 형상이고 부부간에 서로 다른 타향 객지에서 객사한다고 보고 있다.

④ 시주에 지살이 있을 때

자녀와의 인연이 부족하여 자녀가 일찍 부모의 품에서 떠나게 되고 자식이 타향 객지에서 사망한다고 보고 있다.

5) 사주 연살의 분석

① 연주에 연살(年煞)이 있을 때

선대 조상과 조부모는 도화(桃花)의 끼가 발휘되어 도화병으로 사망함이 있게 되나 연주와 월주는 담 안의 도화라 하여 부부간에 애정이 넘치고 다정다감하지만 타인들에게도 다정다감하여 이성 문제가 발생할 수 있다고 보고 있다.

② 월주에 연살이 있을 때

부모형제에게 이성 문제가 발생하고 도화병이 발생하여 도화병으로 인하여 사망하게 된다고 보고 있다.

③ 일주에 연살이 있을 때

본인과 배우자가 서로 이성을 탐닉하게 되고 부부간에 이성으로 인한 부부 다툼이 심하고 도화로 인한 부부 생사 이별도 할 수 있다고 본다.

④ 시주에 연살이 있을 때

자녀가 어릴 적부터 이성을 알게 되고 이성 문제로 인한 구설수가 있게 되며 자녀의 결혼생활도 이성 문제가 있어 불길하다고 보고 있다.

6) 사주 월살의 분석

① 연주에 월살(月煞)이 있을 때

하는 일마다 막히고 꼬이게 되어 아무리 노력을 해도 이루어지는 것은 없으며 선대 조상과 조부모는 굶어 죽은 일이 있었다고 보고 있다.

② 월주에 월살이 있을 때

매사에 지혜를 짜내고 열심히 노력해도 막히고 꼬여서 되는 일이 없고 부모형제는 굶어 죽는 일이 있게 된다고 보고 있다.

③ 일주에 월살이 있을 때

열심히 노력은 하지만 매사에 막히고 꼬이고 동서남북으로 바쁘게 움직여도 되는 일이 없으며 부부지간에 생사 이별하는 어려움이 있게 된다고 본다.

④ 시주에 월살이 있을 때

자녀와의 인연이 없으며 자녀와 일찍 생사 이별하거나 자녀가 잔병치레하거나 방탕한 자식을 두게 되고 자녀가 객지에서 비명횡사한다고 본다.

7) 사주 망신살의 분석

① 연주에 망신살(亡身煞)이 있을 때

일찍 고향을 떠나 타향 객지에 나가 떠돌게 되고 선대 조상과 조부모는 한순간에 가업을 날려버리고 몰락했으며 객지에서 비명횡사했을 것으로 보고 있다.

② 월주에 망신살이 있을 때

부모형제와는 인연이 없고 서로 다투거나 떨어져 살게 되며 부모형제 또한 가정이 온전치 못하고 삶의 굴곡이 심하고 객지에서 망신 당하고 비명횡사했다고 보고 있다.

③ 일주에 망신살이 있을 때

부부지간에 생사이별의 아픔이 있게 되고 남자는 아내를 억박지르고 여자는 수치심이 없이 자신 편한 대로 생활하게 된다. 더불어 남자 여자 모두 배우자에 만족 못하고 많은 이성과 교류하여 망신 당한다고 보고 있다.

④ 시주에 망신살이 있을 때

자식과의 인연이 없으니 생사 이별하고 말년에 망신살이 있으며 가정이 불안하여 슬프고 아픈 노년을 보내게 된다고 본다.

8) 사주 장성살의 분석

① 연주에 장성살(將星煞)이 있을 때

통솔력이 있어 많은 사람들을 이끌고 나갈 왕성한 리더십이 있고 권력을 잡게 된다고 보고 선대 조상과 조부모는 전쟁터에서 전사함이 있었다고 본다.

② 월주에 장성살이 있을 때

문(文)과 무(武)에 뛰어나서 군인이나 경찰 계통에서 탁월한 통솔력을 발휘하고 부모형제는 전쟁터에서 전사함이 있었다고 본다.

③ 일주일에 장성살이 있을 때

통솔력이 있어 명예를 얻게 되나 부부지간은 서로 강한 마음을 가지고 다투게 되고 별거나 이별수가 있다고 본다.

④ 시주에 장설살이 있을 때

말년에 혈기왕성한 기력을 발휘하게 되니 삶이 안정되게 되고 자식 또한 명예를 얻거나 권력을 잡게 된다고 본다.

9) 사주 반안살의 분석

① 연주에 반안살(攀鞍煞)이 있을 때

일평생 영화(榮華)와 덕망(德望)을 함께 누리게 된다고 본다. 선대 조상과 조부모 복이 넘치고 선대조는 성공한 분들이었다고 본다.

② 월주에 반안살이 있을 때

어디를 가나 명예를 얻고 권세를 누리며 일평생 가족들과 화목하게 잘 지내며 관직이나 어느 분야에서나 높은 지위를 얻게 되고 부모형제 복이 넘치고 부모형제가 성공한 분들이었다고 본다.

③ 일주에 반안살이 있을 때

배우자 복이 넘쳐 부부간에 서로 존중하고 사랑하여 화목한 가정을 꾸려나가고 평생 편안한 삶을 영위할 수 있다고 보고 있다.

④ 시주에 반안살이 있을 때

자녀와의 인연이 깊고 사랑스러워 자녀가 자신의 능력을 크게 발휘하고 말년에 자녀들이 효도하고 행복한 노년을 보내게 된다고 보고 있다.

10) 사주 역마살의 분석

① 연주에 역마살(驛馬煞)이 있을 때

일찍 고향을 떠나 타향 객지에서 살아가게 되고 선대 조상과 조부모는 객지에서 사망했다고 보고 있다.

② 월주에 역마살이 있을 때

항상 동분서주 바쁘게 살아가고 타향 객지에서 자수성가하여 재물을 모으나 그곳에서도 정착 못하고 떠돌며 부모형제는 객지에서 사망했다고 보고 있다.

③ 일주에 역마살이 있을 때

부부가 사이가 좋으면 서로 떨어져 살아가게 되고, 같이 살면 반드시 생사이별의 수가 있다. 배우자와의 인연이 적어 사망시 자신의 곁에는 배우자가 없고 객지에서 사망한다고 보고 있다.

④ 시주에 역마살이 있을 때

이곳저곳 다니는 살이니 해외 출장이나 이민을 가거나 운수업이나 활동성이 큰 직업을 선택하게 되고 타향 객지에 떠돌다보니 배다른 자식을 두게 되고 자식과의 인연이 없다고 본다.

11) 사주 육해살의 분석

① 연주에 육해살(六害煞)이 있을 때

집안과의 인연이 없어 양자로 가게 되거나 집안과의 인연을 끊게 되는 경우가 많다. 장남은 후손을 두기 어렵고 차남이나 막내인 경우가 많고 선대 조상과 조부모는 믿음이나 종교를 무시하다가 탈이 나서 비명횡사한 경우가 있다고 본다.

② 월주에 육해살이 있을 때

자신의 잘못이 전혀 없어도 주변으로 인하여 사건·사고에 휘말리게 되거나 해를 입게 되고 혈육과의 정이나 인연이 없고 부모형제와의 인연 또한 없어 종교에 귀의하여 중생들을 제도할 팔자로 보고 있다.

③ 일주에 육해살이 있을 때

부부지간에 인연이 없어 생사이별하거나 종교에 빠져 살거나 종교에 귀의하여 중생들을 제도하는 팔자로 보고 있다.

④ 시주에 육해살이 있을 때

말년에 항상 고독하게 지내며 자녀가 종교로 귀의하여 중생들을 제도할 팔자이고 본인이나 자녀가 종교의 귀의하면 말년에 크게 이름을 떨칠 수 있다고 본다.

12) 사주 화개살의 분석

① 연주에 화개살(華蓋煞)이 있을 때

일찍 고향을 떠나 타향 객지에서 고생하면서 어렵게 살아가고 선대 조상과 조부모는 가업을 잇지 못하고 파산하여 곤고(困苦)하게 살았다고 본다.

② 월주에 화개살이 있을 때

장남이 아니더라도 가문의 대를 잇기 위해 장남 노릇을 해야 하고 장남이라면 병마에 시달리거나 무능력하게 되고 부모형제 덕이 없고 부모형제와의 인연이 없다고 본다.

③ 일주에 화개살이 있을 때

항상 외롭고 고독한 팔자로서 배우자와의 인연도 없어 평생 해로하기는 어렵고 종교에 귀의하는 경우가 많다고 본다.

④ 시주에 화개살이 있을 때

종교에 귀의하게 되면 크게 이름을 떨치게 되고 자녀와의 인연이 없어 생사이별하거나 자녀가 종교에 귀의하는 경우가 있다고 본다.

9 12신살의 대운과 세운 분석

원래는 대운과 세운을 구분할 필요가 없으며 대운이나 세운이나 비슷한 작용을 한다고 보면 된다. 다만 12신살 학자마다 의견이 조금씩 달라 여기서는 대운과 세운을 구분하여 12신살을 분석해보고자 한다.

1) 겁살의 대운과 세운 분석

① 겁살(劫煞)의 대운 분석

- 대운에 겁살이 오면 자신의 의지와 상관 없이 강제 집행, 강제 압류, 강제 강탈, 강제 철거 등 재산을 강제로 압류 당하거나 잃어버리는 경우가 많다. 압류된 건물에 세들게 되어 불안한 날들을 보내거나 신체 또한 교통사고처럼 갑작스런 사고나 질병으로 인해 고생하게 될 일들이 있게 된다. 가정도 파산, 압류의 형태를 띄게 되니 뿔뿔이 흩어지게 된다고 보고 있다.

- 남자가 대운에 겁살이 오면 직장에서 쫓겨나거나 그만둘 일이 생기고 여자가 대운에 겁살이 오면 남편이 바람을 피우거나 돈을 탕진하는 어려운 일이 생긴다. 남자와 여자의 겁살 대운과 삼재가 겹치면 더욱 어려운 상황에 처한다고 보고 있다.

② 겁살의 세운 분석

- 세운에 겁살이 오면 집의 차압·압류·철거, 사업의 부도, 건강의 악화·수술·사망 등의 일이 발생하여 대체적으로 대운 분석의 내용과 같다고 보고 있다.
- 세운에 겁살이 오면 처녀, 총각은 겁살 세운에 결혼 문제가 발생하고 자녀들은 유괴사건, 강간과 같은 사건이 발생한다고 보고 있다.
- 세운에 겁살이 오면 결혼하여 임신 중인 경우 유산 가능성이 높다고 본다.

2) 재살의 대운과 세운 분석

① 재살(災煞)의 대운 분석

- 대운에 재살이 들어오면 얕은 꾀를 써서 주변의 가까운 사람을 이용하여 자신이 하고자 하는 목적을 달성하거나 타지에 가서 몰래 피신해서 살아간다고 본다.
- 대운에 재살이 들어오면 처음은 될 듯하나 반드시 실패가 있게 되고 관재수나 구설수가 항시 끊이지 않는다. 주변 사람들과 다툼이나 송사가 줄을 잇게 되고 천재지변의 어려움이 따른다. 또한 사건, 사고나 건강 악화로 인해 수술을 받게 된다고 본다.

② 재살의 세운 분석

대운 분석과 같다.

3) 천살의 대운과 세운 분석

① 천살(天煞)의 대운 분석

- 대운에 천살이 들어오면 명예나 이름은 얻지만 실속이 전혀 없다. 새로운 일

을 벌이거나 확장하고 싶지만 생각한 만큼 이익이 없으며 주변의 도움은 전혀 없고 항상 외롭고 고독하다. 건강은 마비 질환이 생겨 중풍, 뇌출혈, 뇌일혈, 언어장애, 술중독, 마약 중독, 심장 질환, 신경성 질환, 급성질환 등이 발생한다고 보고 있다.

• 대운에 천살이 들어오면 반드시 자신의 종교에 부탁할 일이 발생한다고 보고 있다.

② 천살의 세운 분석

대운 분석과 같다.

4) 지살의 대운과 세운 분석

① 지살(地煞)의 대운 분석

• 대운에 지살이 오면 변화와 변동이 있게 되니 해외 여행, 해외 출장, 해외 유학, 해외 이민 등을 하게 되거나 직장인이라면 직장의 변동, 근무지의 변동 등이 생기며 이사를 하거나 새로운 지역을 왕래하는 일을 하게 된다.

• 대운에 지살이 오면 남자와 여자 모두 다른 곳으로 떠나고 싶어 이혼, 별거, 각방 살림, 주말 부부 등의 일을 겪게 되고 처녀 총각은 여행을 즐기고 싶어진다. 사업가는 해외를 왕래하는 무역 사업이나 돌아다니면서 하는 영업인 경우에는 큰 돈을 만질 수 있다고 보고 있다.

② 지살의 세운 분석

지살의 대운 분석과 같다.

5) 연살의 대운과 세운 분석

① 연살(年煞)의 대운 분석

대운에 연살이 오면 주색을 좋아하여 집안을 돌보지 아니하고 풍류에 빠져 놀고 먹으면서 이성에 빠져 살게 된다. 주색만 일삼아 사람으로서 도리에 어긋난 행동을 한다고 본다.

　대운에 연살이 오면 주색에 빠져 일을 소홀히 하다보니 사업가는 사업을 확장하면 부도가 나게 되고 일반인들도 재산이 새어나가고 명예가 손상되는 등의 어려움이 있게 된다고 본다. 남자나 여자 모두 색정에 빠져 헤어나오기가 어렵다고 보고 있다.

　② 연살의 세운 분석
　• 연살이 세운에 오면 대다수가 연살이 대운에 올 때와 같다고 보고 있다.
　• 세운에 연살이 오면 미혼인 경우에는 이성을 만나게 되나 배우자감보다는 유부남, 유부녀일 가능성이 높거나 결혼으로 이어질 남녀는 아닌 경우가 많다고 보고 있다.

6) 월살의 대운과 세운 분석

① 월살(月煞)의 대운 분석

　대운에 월살이 오면 뜻하지 않은 횡재수가 있어 윗대로부터 재산을 상속받거나 타인에게 빌려주었으나 못 받고 있어 포기하고 있던 돈을 받을 수 있게 된다. 사례금, 위로금, 하사금 등의 돈을 받아 뜻밖의 횡재수가 있다고 본다.

② 월살의 세운 분석

　• 세운에 월살이 오면 대운의 횡재수와 달리 하는 일마다 막히고 꼬여서 발전은 거의 없고 후퇴만 가득하다. 공직자나 회사원은 통솔력의 부족으로 아랫사람에게 모함 받고 좌천되거나 명예 퇴직하고, 가정적으로는 부부간에 다툼이 심해지고 이혼하거나 별거하게 된다. 타인에게 이용만 당하고 실속이 전혀 없다고 보고 있다.
　• 사주에 월살이 있고 세운에 월살이 오면 타인과의 동업, 돈거래, 보증 등으로 인한 어려움이 생기게 되고 부부 사이도 다툼이 심하게 된다고 본다.
　　사주에 월살이 있고 세운에 화개살이 오면 직장에서 쫓겨나거나 사업이 부도 나며 부부가 서로 다투고 뜻밖의 사고로 부상을 당하거나 질병으로 수술을 하게 된다고 보고 있다.

7) 망신살의 대운과 세운 분석

① 망신살(亡身煞)의 대운 분석

• 대운에 망신살이 오면 목숨을 부지할 정도의 운은 되지만 사업 부도, 재산 몰락 등의 일을 당하게 되는 운으로서 매우 불길한 운을 맞이하여 큰 어려움에 봉착하게 된다. 실속도 없고 명예도 땅에 떨어지고 내가 가지고 있는 모습을 타인에게 적나라하게 보여주게 되는 운으로 보고 있다.

• 남녀 모두 성병이나 자궁병 등의 산부인과나 비뇨기과 질환이 있게 되고 여자는 임신을 하는 기쁨과 동시에 수술을 하게 되는 일이 생기게 된다고 본다.

② 망신살의 세운 분석

망신살의 대운 분석과 같다.

8) 장성살의 대운과 세운 분석

① 장성살(將星煞)의 대운 분석

• 대운에 장성살이 오면 활동적인 사람일수록 운이 강하게 들어온다. 학생은 회장이나 반장이 되거나 직장에 합격하고, 직장인은 승진하고, 사업가는 사업 확장하거나 수익이 많아져 해외에 왕래할 일이 많아지고, 군인·경찰은 국가를 위해 큰일을 하여 이름을 얻는다. 누구나 재물과 자본이 넉넉해지고 하는 일마다 만사형통하게 된다. 주변 사람의 도움도 매우 커서 인덕이 넘쳐난다고 보고 있다.

• 대운에 장성살이 오면 남녀 모두 미혼자는 좋은 배우자를 만나게 되는 행운이 있다고 본다.

② 장성살의 세운 분석

장성살의 대운 분석과 같다.

9) 반안살의 대운과 세운 분석

① 반안살(攀鞍煞)의 대운 분석

- 대운에 반안살이 오면 학생은 성적이 오르거나 반장이 되며 진학이 원활해진다. 사업가는 사업이 번창하여 수익이 늘어나거나 확장하게 되고 직장인은 승진하게 되고 일반인은 집안이 화목하고 매사에 복이 넘쳐난다고 보고 있다.
- 새로운 일을 시작하거나 새로운 것을 장만하게 된다. 새로운 사람을 맞이하게 되고 새로운 보금자리를 마련하게 된다고 본다.

② 반안살의 세운 분석

- 반안살의 대운 분석과 같다.
- 다만 집안에 나이 드신 분이 계시면 우환이 발생하거나 상복을 입을 운이라고 보고 있다.

10) 역마살의 대운과 세운 분석

① 역마살(驛馬煞)의 대운 분석

- 대운에 역마살이 오면 변화와 변동이 많아지니 동분서주 매우 바쁜 운으로서 이사, 직장 변동, 직장 좌천, 해외 왕래, 유학, 이민, 운수업 종사 등이 있게 된다고 본다.
- 남녀간에는 이혼, 또는 이별하거나 별거하게 되는 일이 생긴다고 보고 있다.
- 초년 대운에 역마살이 오면 부모가 고향을 떠나 타향 객지로 나가는 바람에 같이 움직였다고 보고 말년 대운에 역마살이 오면 말년에 안정하지 못하고 떠돌아 다녀야 하니 말년운이 좋지 않다고 보고 있다.

② 역마살의 세운 분석

역마살의 대운 분석과 같다.

11) 육해살의 대운과 세운 분석

① 육해살(六害煞)의 대운 분석

대운에 육해살이 오면 압류, 차압, 철거, 부도 등으로 재산상의 손실이 따르는 어려운 일이 발생하게 되고 건강 또한 나빠져 사고로 부상을 입거나 질병으로 인한 수술을 하게 되는 일이 생긴다. 직장인은 갑자기 발생하는 일로 뜻밖의 어려움이 있으니 좌천되거나 명예 퇴직을 하게 된다고 보고 있다. 육해살 운에는 저절로 신을 찾게 되는 일이 발생하게 된다고 본다.

② 육해살의 세운 분석

육해살의 대운 분석과 같다.

12) 화개살의 대운과 세운 분석

① 화개살(華蓋煞)의 대운 분석

• 대운에 화개살이 오면 감각이 발달하고 감수성마저 발달해 매사에 재능을 발휘해 총명하다는 소리를 듣게 된다.

• 대운에 화개살이 오면 힘 안 들이고 이익을 얻으려다 오히려 큰 실패를 보게 된다. 이성으로 인한 구설수가 생기고 부부간에는 별거, 이혼 등의 어려움이 있으며 남녀 모두 주색에 빠져 이성 문제로 인한 구설수와 음주, 마약 등으로 구설수가 따른다고 보고 있다.

• 초년 대운에 화개살이 오면 학생 시기이니 재능이 발휘되어 실력을 드러내게 되므로 좋은 것으로 보고 중년 이후에는 대흉한 것으로 보고 있다.

② 화개살의 세운 분석

화개살의 대운 분석과 같다.

⑩ 12신살의 해당 연도나 띠로 본 상대방과의 관계 분석

12신살의 해당 연도와 띠라는 것은 자신의 생년을 기준으로 12신살에 해당되는 연도나 그 연도에 태어난 12신살 띠생을 말한다.

1) 겁살년도와 겁살띠 분석

겁살년도(劫煞年度)에 자식을 두게 되면 겁살에 해당되는 자식 밑에는 자식복이 없다고 본다. 겁살에 해당되는 남자아이를 두면 겁살 남자아이 밑으로 자식을 두기 힘들고 겁살에 해당되는 여자아이를 두면 밑으로 남자아이를 두지 못하고 여자아이만 계속 둔다고 보고 있다. 또한 겁살년도에 자식을 두면 집안의 재산이 풍비박산 나고 가정이 몰락하게 된다고 보고 있다. 겁살에 해당되는 자녀는 가출을 하거나 방탕하게 되어 부모의 속을 썩이고 사건, 사고나 질병으로 인하여 불구자가 되거나 비명횡사하게 된다고 본다.

2) 재살년도와 재살띠 분석

① 재살년도(災煞年度)에 자식을 두게 되면 그 자식은 주변의 동정을 받을 대상이 된다고 보고 있다.

② 재살년도에 해당되는 사람은 나의 앞에서는 고분고분하고 착한 사람인 척하지만 조금만 방심하면 큰 화를 끼칠 인물이다. 강한 자 앞에서는 자신을 철저히 낮추지만 약한 자 앞에서는 거들먹거리는 사람이므로 항상 경계하고 위엄을 갖추고 통솔력을 가지고 있어야 얕잡아 보이지 않는다고 보고 있다.

③ 재살년도에 해당되는 사람은 잘 활용하면 큰 도움이 된다. 경계심을 풀지 말되 입찰이나 송사 문제를 해결할 때 이용하면 상대에게 잘 보이려는 욕심으로 신임을 얻고자 최선을 다하여 해결한다고 보고 있다.

④ 재살년도에 태어난 사람이 시댁식구나 처갓집 등 가족 중에 있다면 그 사람은

본인을 헐뜯는 자이고 본인이 부부 싸움이나 부부 문제가 발생했을 때 배우자를 충돌질하여 시비를 걸게 하여 상황을 악화시키는 사람이라고 보고 있다.

3) 천살년도와 천살띠 분석

① 천살년도(天煞年度)에 자식을 두었다면 그 자식은 아무리 열심히 보살피고 교육시켜도 내 재산을 파산시키고 탕진하게 되어 가정을 몰락시킨다고 보고 있다.

② 천살년도에 해당되는 띠의 사람은 나에게 해가 되는 사람으로 아무리 도와주고 덕을 베풀어도 오히려 욕을 먹게 된다. 만약 천살년도의 띠가 부하직원이나 동료 직원, 동업자라면 그로 인하여 돈 문제로 인하여 나의 재산이 흩어지게 된다고 보고 있다.

4) 지살년도와 지살띠 분석

① 지살년도(地煞年度)에 자녀를 두게 되면 부모와 인연이 없는 자식이므로 일찍 독립해 고향을 떠나서 타향 객지로 나가게 된다. 결혼한 뒤에는 부모를 거들떠보지 않고 부양을 책임지지 않는 자식으로 보고 있다.

② 지살에 해당되는 사람은 나와는 인연이 없는 사람으로 사귀기가 어렵고 만약 친해지면 사건, 사고나 구설수에 휘말리게 되어 반드시 멀어지게 되는 사람으로 본다.

5) 연살년도와 연살띠 분석

① 연살년도(年煞年度)에 자녀를 두게 되면 그 자식은 혼전에 얻은 자식이거나 가정을 이루지 않은 자식이거나 미혼모의 자식으로 보고 있다. 다만 연살띠 자식은 매우 끈기가 있고 나를 위해서 궂은 일도 도맡아 하게 될 자식이라고 보고 있다.

② 연살에 해당되는 사람은 나의 어렵고 힘든 일을 알아서 척척 처리해줄 사람이다. 어려운 일이 닥쳤을 때 연살에 해당되는 주변 사람에게 부탁하면 자신의 일처럼 도와준다고 보고 있다.

6) 월살년도와 월살띠 분석

① 월살년도(月煞年度)에 자녀를 두게 되면 그 자녀가 태어난 후 집안에 복록이 넘치고 재산이 불어나며 가운이 상승한다고 보고 있다.

② 월살에 해당되는 애인이나 배우자를 만나면 남자는 월살띠의 애인이나 배우자의 덕으로 애인의 뒷바라지를 충분히 받고 부인의 친정집, 즉, 처갓집으로부터 유산 상속을 받게 되거나 재산의 도움을 받게 된다. 여자는 남편복이 넘쳐 남편이 처갓집 양자 역할을 하거나 장인, 장모에게 효도하고 친정집 재산을 도와주고 마음도 항상 따뜻하게 배려해준다고 보고 있다.

③ 월살에 해당되는 사람은 힘들고 어려울 때 도와주는 사람으로서 어떤 문제에 봉착했을 때 해결 방법을 월살 해당 사람에게 상의하면 쉽게 해결된다고 보고 있다.

7) 망신살년도와 망신살띠 분석

① 망신살년도(亡身煞年度)에 자녀를 두게 되면 그 아이는 사생아이거나 패륜아, 불구 자식일 가능성이 있다고 본다.

② 망신살에 해당되는 애인이나 배우자는 반드시 헤어져야 할 팔자이고 남녀 모두 처음 순정을 빼앗긴 사람은 망신살에 해당되는 사람이라고 보고 있다.

③ 망신살에 해당되는 장모나 장인은 부인의 친어머니나 친아버지가 아니거나 또는 후처, 재처이거나 의붓아버지가 된다고 보고 있다.

④ 망신살에 해당되는 애인과 사귀는 배우자가 있는 사람은 반드시 상간죄로 망신을 당하게 된다고 보고 있다.

⑤ 망신살에 해당되는 사람과 동업을 하거나 거래를 하게 되면 실패하게 되거나 망신 당할 일이 발생한다고 본다.

8) 장성살년도와 장성살띠 분석

① 장성살년도(將星煞年度)에 자녀를 두게 되면 그 자녀가 태어나면서부터 집안이 화목해지고 만사형통해진다. 가족 중에 장성살띠가 있으면 그 사람이 가족이 되면서부터 집안이 융성해졌다고 보고 있다.

② 장성살년도에 태어난 딸은 외동딸인 경우가 많으며 고집이 세어서 부모와 갈등을 일으키고 공부를 중단한 적이 있다고 보고 있다.

③ 장성살년도에 해당되는 사람은 어렵고 힘든 상황에 처했을 때 해결해주는 사람으로 관재수가 있을 때 반드시 필요한 사람이라고 보고 있다.

④ 장성살년도에 해당되는 사람과 사귀게 되면 그 사람과 만나고 난 후 운이 좋아지고 재물도 풍족해진다고 보고 있다.

⑤ 가족 중에 재살에 해당되는 사람과 장성살에 해당되는 사람은 항상 다투고 부딪치게 되며, 장성살에 해당되는 사람과 역마살에 해당되는 사람은 하는 일이 막히고 꼬이게 되어 개점 휴업 상태가 된다고 보고 있다.

⑥ 부부가 장성살에 해당되는데 자식도 장성살에 해당되면 장군 세 명이 한집에 있는 것과 같으니 서로가 대립하여 별거하거나 헤어지게 된다고 보고 있다.

9) 반안살년도와 반안살띠 분석

① 반안살년도(攀鞍煞年度)에 해당되는 자녀나 가족은 내가 가장 신뢰할 수 있는 사람이고 나를 위해 모든 어려움을 막아주고 헌신적으로 도와줄 사람이라고 보고 있다.

② 반안살에 해당되는 부하 직원, 친구, 선후배, 동료는 모두 나에게 가장 신뢰할 수 있는 사람이고 자본 융통이나 어려운 일의 해결에 가장 적합하다고 보

고 있다.

10) 역마살년도와 역마살띠 분석

① 역마살년도(驛馬煞年度)에 해당되는 자녀는 반드시 가문을 빛내고 번창시킬 사람으로서 큰 인물이 될 사람이라고 보고 있다.

② 역마살에 해당되는 사람은 나하고 인연이 없어 서로 등을 지고 서로 다른 먼 곳으로 헤어지게 된다고 보고 있다.

11) 육해살년도와 육해살띠 분석

① 육해살년도(六害煞年度)에 해당되는 자녀는 그가 태어나면서 풍족하지는 않지만 삶을 유지하게 되고 나의 임종을 끝까지 지켜보게 될 것으로 보고 있다.

② 육해살에 해당되는 사람은 나에게 큰 도움은 아닐지라도 작은 도움이 되어 줄 사람이라고 보고 있다.

12) 화개살년도와 화개살띠 분석

① 화개살년도(華蓋煞年度)에 해당되는 자녀가 있으면 헤어졌던 부모가 다시 화해하고 화목해진다고 보고 있다.

② 화개살에 해당되는 사람과 만나거나 사귀거나 동업하면 한두 번은 반드시 다투게 된다. 그러나 헤어지고 난 후에는 다시 화해하고 일에서도 성공한다고 보고 있다.

🔟 12신살일 감정

1) 겁살일 감정

자신의 연도로 겁살일(劫煞日)에 해당되는 날에 상담하러 왔다면 상담자 자신이나 집안에 사활(死活)이 걸린 일이 있어 상담을 하러 온 것으로 본다. 특히 차압, 압류, 철거, 억압, 구속, 구금 등의 어려운 상황에 처했거나 강탈 당할 일로 상담하러 왔다고 보고 있다. 다만 결혼 적령기에 해당되는 사람들은 겁살이 저당, 강탈과 관련되므로 결혼 자체가 어느 틀에 갇혀 구속 당하는 것과 같으니 결혼하는 일이 발생한다고 보고 있다.

2) 재살일 감정

자신의 연도로 재살일(災煞日)에 해당되는 날에 상담하러 왔다면 상담 당사자가 최고의 자리를 노리는 일 때문에 상담하러 왔다고 보고 있다. 더불어 강한 기질이 발동하고 대결과 투쟁성이 발동하여 자신의 성공을 위해 타인을 강압하는 일이 발생한다고 보고 있다.

3) 천살일 감정

자신의 연도로 천살일(天煞日)에 해당되는 날에 상담하러 왔다면 상담 당사자가 암과 같은 생사가 걸린 건강 문제와 혈관 질환과 같은 마비 질환이 발생했다고 본다. 너무 급박하고 어려운 상황에 처해서 사람의 힘으로 되기보다는 하나님, 부처님, 조상님 등의 신을 향해 기도하거나 모셔야겠다고 생각하고 신에게 의지하고자 왔다고 보고 있다.

4) 지살일 감정

자신의 연도로 지살일(地煞日)에 해당되는 날에 상담하러 왔다면 상담 당사자가 변화, 변동이 강하게 들어와서 이사, 이직, 출장, 해외 여행, 유학, 이민 등의 일들이 발생하여 찾아왔다고 보고 있다.

5) 연살일 감정

자신의 연도로 연살일(年煞日)에 해당되는 날에 상담하러 왔다면 상담 당사자가 영업비나 교재비의 지출이 과도한 사업을 하는 자가 많으며 관재 구설, 이성 구설, 사업 실패, 재산 파산 등의 경우가 발생하게 되어 찾아왔다고 보고 있다.

6) 월살일 감정

자신의 연도로 월살일(月煞日)에 해당되는 날에 상담하러 왔다면 상담 당사자가 매사에 일이 꼬이고 막히고 중도에 좌절하게 되었거나 하던 일을 그만두고 직업을 변화하고자 하거나 업종을 변동하고자 하여 찾아왔다고 본다. 또한 현재의 좋은 상황을 변화하고자 하는 쓸데없는 생각을 실행하려 준비하고 있어 찾아왔다고 보고 있다.

7) 망신살일 감정

자신의 연도로 망신살일(亡身煞日)에 해당되는 날에 상담하러 왔다면 상담 당사자가 하는 일들이 잘 나가다가 한순간에 어려움이 닥쳤거나 동성 연애나 직장에서의 불륜 관계 등 연애 문제로 자칫 망신을 당할 수가 있어 찾아왔다고 보고 있다.

8) 장성살일 감정

자신의 연도로 장성살일(將星煞日)에 해당되는 날에 상담하러 왔다면 상담 당사자가 새로운 일을 시작하거나 사업을 확장하거나 하는 일로 상담하러 왔다고 보고 있다. 미혼자는 결혼 문제로, 청년은 취업 문제나 군 입대 문제로 찾아왔다고 보고 있다.

9) 반안살일 감정

자신의 연도로 반안살일(攀鞍煞日)에 해당되는 날에 상담하러 왔다면 상담 당사자가 신규 사업, 사업 확장, 결혼, 취직, 합격, 당선 등의 길한 일이나 복된 일로 찾아왔다고 보고 있다.

10) 역마살일 감정

자신의 연도로 역마살일(驛馬煞日)에 해당되는 날에 상담하러 왔다면 상담 당사자가 유학, 이민, 여행, 이사, 출장, 운송, 분가, 학업 전환, 직장 변화 등의 문제나 가출한 사람이 언제 돌아올 것인가, 유괴당한 사람이 언제 돌아올 것인가에 대한 일로 찾아왔다고 보고 있다.

11) 육해살일 감정

자신의 연도로 육해살일(六害煞日)에 해당되는 날에 상담하러 왔다면 상담 당사자가 병고로 신음하는 건강 문제나 저당, 차압 등의 문제나 군대 탈영 문제 등의 이유로 찾아왔다고 보고 있다.

12) 화개살일 감정

자신의 연도로 화개살일(華蓋煞日)에 해당되는 날에 상담하러 왔다면 상담 당사자가 과거에 몰락하여 연인과 헤어졌다가 다시 재결합하거나 새롭게 출발하려고 하는 문제로 찾아왔다고 보고 있다.

12 12신살의 방향

1) 겁살 방향

① 인오술(寅午戌) 생의 손님이 왔다면 그 가장의 나이를 기준하여 겁살방이 해(亥) 방향이 되므로 해방(亥方), 즉, 서북(西北) 방위에 수리를 했거나 수리를 할 곳이 있으면 된다. 그곳에 탈이 났다고 하면 되며 수물(水物)을 다루었고

수신동토(水神動土)라고 해야 한다.

② 신자진(申子辰) 생의 손님이 왔다면 그 가장의 나이를 기준으로 겁살방이 사(巳) 방향이 되므로 사방(巳方), 즉, 동남간(東南間) 방위에 수리했거나 수리를 할 곳이 있으면 된다. 이미 그곳에 탈이 났다고 하면 되며 화물(火物)을 다루었고 화신동토(火神動土)라고 하면 된다.

③ 사유축(巳酉丑) 생의 손님이 왔다면 그 가장의 나이를 기준하여 겁살방이 인(寅) 방향이 되므로 동북간방(東北間方)에 수리를 했거나 수리할 곳이 있다고 하면 된다. 이미 손을 댔다면 그곳에 탈이 났다고 하면 되며 목물(木物)을 다루었고 목신동토(木神動土)라고 해야 한다.

④ 해묘미(亥卯未) 생의 손님이 왔다면 그 가장의 나이를 기준으로 겁살방이 신(申) 방향이 되므로 남방(南方), 서남간(西南間) 방위에 수리를 했거나 수리할 곳이 있다고 하면 된다. 이미 손을 댔다면 그곳에 탈이 났다고 하면 되며 금물(金物)을 다루었고 금신동토(金神動土)라고 해야 한다.

2) 재살 방향

어떤 일이나 계획, 어떤 물건의 참모 구실을 하는 물건이 놓이게 되어 있다. 리모컨, 책받침, 물건 사물함, 건강 보조식품 등의 물건들이 놓여 있다고 본다.

3) 천살 방향

인오술(寅午戌) 생의 천살은 축(丑)이요, 신자진(申子辰) 생의 천살은 미(未)요, 사유축(巳酉丑) 생의 천살은 진(辰)이요, 해묘미(亥卯未) 생의 천살은 술(戌)이다. 대체적으로 집안에서 천살 방향에 종교에 필요한 물건들이 놓이게 되면 좋지 않다. 성경책, 불상, 부적, 염주, 불경, 제사 지낼 때 쓰는 물건들이 진열되어 있으면 이것은 잘못이다.

천살 방향에 종교물을 놓아두는 것은 조상신이나 보호신을 못 오게 하는 것이 되니 천살 방향에는 종교물을 절대로 놓아두어서는 안되며 만약 종교물을 두었다면 죄를 범한 것이 된다. 귀신이나 조상님이 왕래하기 힘드니 조상의 덕은 받기 힘들고 반드시 조상님께 가호를 빌면서 죄를 사죄하여야 한다. 그래서 천살 방향은 귀신 방향이기도 하며 호신(護身) 방향이라고도 한다. 귀신이 왕래하는 방향이 되기 때문에 학생들은 천살 방향에다 책상을 두고 공부하면 우등생이 되고 반안살 방향에다 책상을 두고 공부하면 절대로 우등생이 될 수 없다.

4) 지살 방향

① 집안에 외교상 필요한 것들이 비치되어 있으며 현관문, 복도, 간판, 문패, 거울, 기타 선전물이 지살 방향쪽에 있으면 좋다.

② 사유축(巳酉丑) 생은 사(巳)가 지살이니 동남간에 출입문, 복도가 있으면 좋다.

인오술(寅午戌) 생은 인(寅)이 지살이니 동북간에 대문, 출입문, 복도가 있으면 좋다.

해묘미(亥卯未) 생은 해(亥)가 지살이니 서북간에 대문, 출입문, 복도가 있으면 좋다.

신자진(申子辰) 생은 신(申)이 지살이니 서남간에 대문, 출입문, 복도가 있으면 좋다.

다시 말하면 점포라면 손님의 출입지로 대단히 중요한 방향이 된다.

5) 연살 방향

① 부분적으로 깨끗하게 수리를 했거나 벽을 깨끗이 발라두었거나 남이 보기에 가장 잘 보이는 곳이기에 방안 가구, 진열장, 화장대가 가장 잘되어 있는 곳이다.

② 집밖에는 그 집을 중심으로 보아서 미관을 나타내는 곳이기 때문에 간판이

나 문화시설이 가장 잘된 곳이다. 집의 앞면이 될 수도 있고 가장 세련된 곳이다.

6) 월살 방향

① 월살이 있는 내실을 살펴보면 한 가정의 가장을 받들기 위한 생필품들이 진열되어 있으며 편침기구, 전기밥통, 보약탕기, 쌀통, 밥상, 외출복, 가방, 면도기 등이 놓여 있다.

② 아내의 솜씨가 깃들어 있는 뜨개질 용구나 작품 등이 있고 냉장고, 찬장, 주방기구, 엽총, 그릇, 구급약품, 자물쇠 등의 용품이 진열되어 있다.

7) 망신살 방향

① 망신살 방향에는 본인의 집을 찾아올 때 목표물이 있게 되는 것이니 큰 빌딩이나 은행, 예식장, 공중전화, 파출소, 광고판 등이 있는 곳이다.

② 부인의 입장에서 보면 외도하는 남편의 애인 나이가 망신살에 해당하며 남편이 짝사랑하는 연인이 살고 있는 방향이 망신살의 방향이다.

8) 장성살 방향

① 장성살 방향에는 바람을 못 들어오게 하는 큰 벽이 있거나 뒷집이 꽉 가려서 그 방향으로 침투하지 못하게 되어 있는 것이 당연하며 그렇게 된 집에 사는 사람은 절대로 패망하는 일이 없으며 발전하게 된다. 만약 장성살 방향에 창문이나 대문이 나 있으면 그 집은 가운(家運)이 엉망이 되고 만다. 장성살 방향으로 통로가 있거나 사람이 출입하도록 지어진 집에 살고 있는 경우는 마치 봇물이 터진 경우라 생각하면 된다. 그러므로 이런 집에 살면 남자들은 비운이 배가(倍加)한다.

② 입시 공부하는 학생의 방 구조가 장성살 방향으로 통문이 난 경우 합격을

한 예를 본 적이 없으며 집안은 어수선하다. 장성살 방향에는 반드시 옹벽을 쳐야 하는데 이 방법을 개운법(開運法)이라 하여 비운을 퇴치하는 비법에 속한다.

③ 건축을 할 때는 장성살 방향을 튼튼히 쌓아서 외부에서 바람 한 점 들어오지 못하게 하는 일이 우선되어야 한다. 그러나 장성살 방향이라도 창문이 높으면 무방하다 하겠다.

9) 반안살 방향

① 사람들은 잠을 잘 때 반안살 방향으로 머리를 두고 자는 것이 보통이다. 이렇게 자는 사업가라면 장사가 잘되어 이익이 많고 월급자는 승진이 순조로우며, 학생은 진학길이 열리어 합격되며, 처녀와 총각은 혼인길이 열리고 가정은 편안하고 행복하다. 이와 반대로 잠을 잘 때 머리를 천살 방향으로 두고 자면 모든 운이 문을 닫는 운이며 사업가는 수입이 적자를 면치 못하고 월급자는 해고 당하고 학생은 진학길이 막히고 처녀와 총각은 결혼운이 오지 않으며 부부 사이는 파란이 일어난다.

10) 역마살 방향

① 역마살 방향은 텔레비전, 라디오, 비디오, 초인종, 사이렌, 공포탄이 터지는 방향이며 편지함 등이 진열되어 있다고 본다.

② 어떤 직업을 갖거나 어떤 학문을 배우거나 할 때는 그 최초 인연을 갖게 된 인물이 역마살 띠가 분명하니 예를 들면 돼지띠가 역술인이라면 뱀띠 때문에 철학에 입문하게 된 것이다.

③ 역마살의 나쁜 경우는 집안에서 관재 구설로 옥고를 치른 사람이 있다면 역마살자이기 쉽고 번번이 중요한 일들을 발생시키기만 하는 사람이 있다면 그도 역시 역마살 띠라는 것을 꼭 기억해야 한다.

11) 육해살 방향

① 부자로 살려면 육해살 방향을 깨끗이 하고 아름답게 수리하여 타인이 손을 댈 수 없게 깨끗이 만들어두면 자신이 원하는 대로 복이 굴러들어온다.

② 육해살 띠를 가진 사람에게는 원한을 사면 반드시 해를 입게 되며 신체 상해를 입게 되니 절대로 원한을 가지지 말고 싸우지 말아야 한다.

③ 집을 사거나 셋집을 얻을 때는 육해살 방향으로 가야 싼 집이나 싼 땅을 구할 수 있다. 신중하게 선택하면 횡재운이 있다.

④ 금전적으로 어려울 때는 육해살 방향으로 찾아가면 최소한의 돈은 얻어올 수 있다.

12) 화개살 방향

① 이동이 잦은 물건들이 놓여 있는 곳이 바로 화개살 방향이다.

② 화개살 방향에는 접객업소나 단골집이 분명히 있으며 자전거 등 간단한 운동기구를 임시로 놓아두는 곳이나 화장실, 큰 하수구가 있다. 사업 실패 후 다시 일어설 때는 반드시 화개살 방향으로 이사를 하게 된다.

07

CHAPTER / 신살 총론

12운성 +二運星

일반 이론에서 매우 귀중하게 다루고 있는 것이 12운성이다. 12운성은 절태법(絶胎法), 또는 포태법(胞胎法)이라 부르기도 한다. 일반적인 책에서는 12운성과 12신살에 대하여 매우 자세하고 구체적으로 다루고 있으며 사주명리학의 사주 상담 중에도 매우 크게 응용하고 있는 학설이다.

대덕(大德) 이론에서는 사주명리학에서 중요한 이론으로 취급하지 않지만 그래도 다루어져야 할 것 같아 이해를 돕고자 쓰고 있다. 다만 12운성이 이런 것이라고만 알 뿐이지 실제로 응용해서는 절대 안된다.

실제 응용해서 타당성이 있다고 생각되는 독자들이 있다면 임상 경험을 한 결과를 한번 보여주길 바란다. 일반 이론에서는 저서나 강의 속에서도 매우 비중있게 다루고 있고 꽤 오랜 기간 배워야 하는 중요한 이론으로 취급하고 있으나 오랜 임상 경험이 있는 저자들의 입장에서는 허무맹랑한 이론으로 느끼게 되었다. 그러나 많은 사주명리학자들은 아직까지 신주단자처럼 귀중하게 모시고 있고 이렇게 허무맹랑한 학설을 사주에 응용하고 있는 그분들이 세상에 이름을 떨치고 있는 것이 의아하고 안타까울 따름이다. 전혀 타당성 없는 학설로 제자들이나 독자들을 우롱하고 타당성 없는 학설을 대물림하고 있는 그분들에게 빠른 시일에 잘못을 인정하고 올바른 학문 체계 속으로 들어오라고 하고 싶다. 그래야만 이 사주명리학이 사이비가 아닌 정통학문으로 자리매김하리라 본다.

12운성은 신살의 일종으로 12신살과 더불어 응용 신살론으로 많이 사용되고 있다.

특히 12운성은 일간론(日干論)에서는 없어서는 안될 정도로 신강신약(身强身弱)의 억부(抑扶)를 판단하는 데 긴요(緊要)하게 사용되고 있다. 다만 모든 신살과 마찬가지로 긍정적인 내용보다는 부정적인 내용이 많다는 문제점을 지니고 있으며 단순히 신강(新講)하면 매우 좋고 신약(身弱)하면 나쁜 것으로 표현되어지는 것은 현대 명리학의 타당성 검증과 타당성 여부를 검토하여 버릴 것은 과감하게 버리고 수정할 것은 과감하게 수정하여 새롭게 거듭나는 신살론이 되도록 해야 한다고 본다.

저자들의 스승인 대덕 김동완 교수의 경우는 기존의 학설이나 이론을 새롭게 정리하고 시대적 변화와 흐름에 부응할 수 있는 기회를 만들어가는 데 모든 힘을 쏟고 있다. 그 가운데서도 특히 각종 신살 중 형충(刑沖), 백호(白虎), 귀문(鬼門), 양인(羊刃), 역마(役馬), 도화(桃花), 명예(名譽), 천문(天門), 현침(懸針), 귀문(鬼門) 등의 신살이 부정적인 내용들로 해석되던 것을 긍정적인 내용으로, 임상적 타당성 학문으로 바꾸어놓은 것에 대해 자부심을 갖고 있다.

■ 양포태론과 양포태·음포태론

12운성법(포태법, 절태법)의 뽑는 방법은 예로부터 수많은 사주명리학 고전이론에서 논쟁으로 남아 있고 현대에 와서도 논쟁거리라 하겠다.

사주명리학자에 따라 음포태(陰胞胎)는 타당성이 없으니 양포태(陽胞胎)에 흡수시켜 사용하자는 양포태론자와 양포태, 음포태를 분리하여 사용하여야 정확하다고 주장하는 양포태·음포태 동시론자가 존재하고 있다. 저자들의 입장에서는 12운성의 입당자에서만 바라본 논리성과 과학성에서는 양포태·음포태 동시론보다는 음포태를 양포태에 포괄하여 사용하는 양포태만 사용하는 방법이 타당성이 있다고 보고 있다.

그러나 12운성 자체가 신강신약 이론에 치우쳐 있고 신강하면 좋고 신약하면 나쁘다는 고전이론에 충실하다보니 현대의 임상과 통계에 나타난 신강신약론의 이론체계의 변화에 따라가지 못하고 있는 실정이다. 그러다보니 12운성 자체에 대폭적인 수정이 가해지지 않는다면 양포태, 음포태 논쟁을 떠나 12운성 자체가 폐기될 운명에 처하게 될 것이다.

신강하면 매사에 흔들리지 않고 안정되고 성공하며, 신약하면 자기 절제 능력이 없고 매사 흔들리고 안정되지 못한 삶을 살아간다는 논리의 신강신약론에 맞추어 12운성론을 설명하다보니 고전이론에서의 신강신약론이 현대에 와서는 전혀 타당성이 없는 허무맹랑한 이론으로 보인다. 12운성이 신강신약론에 기본 바탕을 두는 한 양포태, 음포태 논쟁 이전에 타당성, 과학성을 갖춘 이론으로서 탄생하기는 매우 어렵다고 할 것이다. 12운성을 최고의 경전이나 최고의 보검처럼 사용하고 휘두르는 신진 사주명리학자들이 많은데 이분들이 진정 12운성에 대하여 진지하게 검토해본 적이 있는지 그저 자신의 이론적 체계를 제자분들에게 과시하고만 싶어서 사용하고 있는 것은 아닌지 의심해볼 수밖에 없다.

단지 12운성을 신봉하는 사주명리학자의 해석에 따라 상담하고 있고, 그로 인하여 사주상담을 받고 있는 내담자들에게 자칫 엉뚱한 해석으로 엄청난 아픔과 상처를 가져다주고 있는 것은 아닌지 돌아보아야 한다.

2 12운성의 뽑는 법

12운성의 뽑는 법은 일간(日干)을 위주로 하는 방법을 가장 많이 사용하고 있지만 사주명리학자에 따라 뽑는 법이 다르게 전개되고 있다. 여기에서 12운성을 뽑는 방법과 명칭들을 정리해 설명해보고자 한다.

1) 주법

12운성법(절태법, 포태법) 중에서 주법(主法)은 일간을 위주로 하는 방법으로 일간을 사주팔자의 왕이라 하여 봉법(鳳法), 봉황법(鳳凰法), 봉법(逢法)이라 하고 일간법(日干法)이라고 한다.

가장 많이 사용되고 있는 방법으로 대다수의 사주명리학자들이 사용하고 있다. 일천간(日天干)을 기준으로 포(절), 태, 양, 생, 욕, 대, 관, 왕, 쇠, 병, 사, 묘의 12운성을 순서대로 붙여나가며 이것을 연월일시에 대입하는 것을 말한다. 주법에는 양포태와 음포태를 분리하여 양포태는 시계 방향으로 음포태는 시계 반대 방향으로 붙여가는 방법과 음포태는 사용하지 않고 양포태만 사용하는 방법, 즉, 음포태는 양포태에 포함하여 사용하여 시계 방향으로 붙여가는 방법이 존재한다.

양포태와 음포태를 동시에 사용하는 사주명리학자와 음포태를 양포태에 포함시켜 양포태만 사용하는 사주명리학자로 나누어진다. 이 주법의 양포태·음포태 동시 사용하는 방법과 양포태만 사용하는 방법의 논쟁은 꽤 오랜 기간 동안 논쟁거리였고 현재에도 논쟁 중에 있다.

2) 좌법

자신의 앉은 자리만 찾는다 하여 좌법(坐法)이라 부르고 같은 기둥, 동주(同柱)에서만 찾는다 해서 간지법(干支法), 거법(居法), 동주법(同柱法), 동법(同法)이라고도 한다.

이것은 대운, 세운에서도 활용하여 대운천간에서 지지를 세운 천간에서 지지를 응용한다.

3) 장법

장법(藏法)은 두 가지 종류가 있는데 일간(日干)으로 모든 암장(暗藏)까지 보는 방법과 월지(月支) 암장으로 사주 전체를 보는 방법이 있다. 이 방법은 암법(暗法)이라고도 한다.

4) 영법

영법(令法)이란 월지(月支)를 중심으로 사주 전체와 운을 모두 살펴보는 방법으로 월지법(月支法), 월법(月法), 월령법(月令法)이라고 부른다.

5) 연법

연법(年法)은 연간(年干)을 위주로 12운성(十二運星)을 살펴보는 방법으로 연간법(年干法), 조법(祖法), 태법(太法)으로 불리고 있다.

6) 인종

인종(引從)이란 사주 중의 각 육친을 분석하고 각 육친의 천간을 가지고 지지를 각각 끌어당겨서 살펴보는 것을 말한다. 기토(己土) 일간에 갑목(甲木)이 관성인데 관성 갑목(甲木)의 미토(未土)가 묘(墓)에 해당되는데 사주원국이나 대운, 세운에 미토(未土)가 있으면 남편의 자리가 무덤을 가지고 있는 형태로 남편과의 인연이 박하거나 항상 근심 걱정거리를 가지고 산다는 것이다. 가장 많이 사용되는 것이 장생, 관대, 제왕, 사, 묘로서 아래는 묘, 즉, 고(庫)만 예를 들어보겠다.

육친(六親) \ 일간(日干)	비겁고 (比劫庫)	식상고 (食傷庫)	재성고 (財星庫)	관성고 (官星庫)	인성고 (印星庫)
목(木)	미(未)	술(戌)	술(戌)	축(丑)	진(辰)
화(火)	술(戌)	술(戌)	축(丑)	진(辰)	미(未)
토(土)	술(戌)	축(丑)	진(辰)	미(未)	술(戌)
금(金)	축(丑)	진(辰)	미(未)	술(戌)	술(戌)
수(水)	진(辰)	미(未)	술(戌)	술(戌)	축(丑)

7) 12운성 용어

타 이론에서처럼 12운성도 마찬가지로 용어의 통일성이 없고 다양하게 사용되고 있다.

주법(主法)은 봉법(鳳法), 봉법(奉法)으로도 불리며 좌법(坐法)은 거법(居法)으로 사용하고 있고 장법(藏法)은 인종(引從)으로 사용하고 있고 그 외에 영법(令法)은 월지법(月支法)으로 사용하고 있다.

8) 12운성 뽑는 법

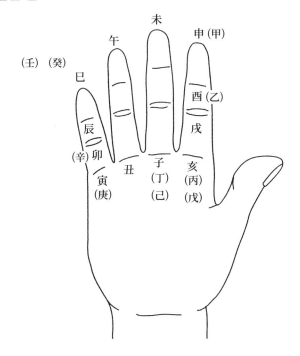

① 양(陽) 일간에 태어난 사람은 손가락 자신의 자리에서부터 시계 방향으로 절(포), 태, 양, 장생, 목욕, 관대, 건록, 제왕, 쇠, 병, 사, 묘로 세어간다.

② 음(陰) 일간에 태어난 사람은 손가락 자신의 자리에서부터 시계 반대 방향으로 절(포), 태, 양, 장생, 목욕, 관대, 건록, 제왕, 쇠, 병, 사, 묘로 세어간다.

양 일간인 경우는 양포태, 음 일간인 경우는 음포태라고 한다. 앞서 12운성 뽑는 방법은 양포태와 음포태를 함께 사용한 것이다. 그러나 현대에는 음포태는 사용하지 않고 양포태만 사용하는 경우도 많다. 즉, 을(乙)은 갑(甲)의 자리에서부터, 정(丁)과 기(己)는 병(丙)과 무(戊)의 자리에서부터, 신(辛)은 경(庚)의 자리에서부터, 계(癸)는 임(壬)의 자리에서부터 시계 방향으로 절(포), 태, 양, 장생, 목욕, 관대, 건록, 제왕, 쇠, 병, 사, 묘의 순서로 세어나간다.

연월일시의 각 지지에 해당되는 12운성이 무엇인가에 따라 운명을 판단하기도 하고 육신의 어느 자리에 12운성이 해당되는가에 따라 운명을 판단하기도 한다.

③ 12운성의 정의

12운성이란 10개의 천간이 12개의 지지와 만났을 때를 기를 얻거나 잃는 과정, 인생의 흐름, 즉, 태어나고 성장해서 소멸하는 12단계로 파악한 것이다. 장생(長生), 목욕(沐浴), 관대(冠帶), 건록(健祿), 쇠(衰), 병(病), 사(死), 묘(墓), 절(絶) 또는 포(胞), 태(胎), 양(養)으로 이루어진다.

• 12운성의 의미

분류	의미
장생	세상에 태어나 세상과 처음 인연을 맺는 것을 뜻한다.
목욕	혼자 목욕을 함. 점차 성인이 되고 성장해가는 것을 뜻한다.
관대	관을 쓰고 허리띠를 맨다. 성인이 되는 것을 뜻한다.
건록	관직에 들어가 녹봉을 받음. 직업을 갖고 사회에 진출하는 것을 뜻한다.
제왕	제왕처럼 왕성함. 활동이 가장 왕성한 시기를 뜻한다.
쇠	왕성하던 기운이 점차 줄어드는 것을 뜻한다.
병	원기를 잃고 병이 드는 것을 뜻한다.
사	병이 깊어져 죽음을 맞는 것을 뜻한다.
묘	죽어서 무덤에 묻히는 것을 뜻한다.
절(포)	시신이 부패하고 영혼이 육체를 떠나가는 것을 뜻한다.
태	윤회의 결과로 새롭게 모체와 인연을 맺는 것을 뜻한다.
양	어머니 뱃속에서 자라나는 것을 뜻한다.

十二運 \ 日干	甲日	乙日	丙日	丁日	戊日	己日	庚日	辛日	壬日	癸日
장생(長生)	亥	午	寅	酉	寅	酉	巳	子	申	卯
목욕(沐浴)	子	巳	卯	申	卯	申	午	亥	酉	寅
관대(冠帶)	丑	辰	辰	未	辰	未	未	戌	戌	丑
건록(建祿)	寅	卯	巳	午	巳	午	申	酉	亥	子
제왕(帝旺)	卯	寅	午	巳	午	巳	酉	申	子	亥
쇠(衰)	辰	丑	未	辰	未	辰	戌	未	丑	戌
병(病)	巳	子	申	卯	申	卯	亥	午	寅	酉
사(死)	午	亥	酉	寅	酉	寅	子	巳	卯	申
묘(墓)	未	戌	戌	丑	戌	丑	丑	辰	辰	未
절(絶)	申	酉	亥	子	亥	子	寅	卯	巳	午
태(胎)	酉	申	子	亥	子	亥	卯	寅	午	巳
양(養)	戌	未	丑	戌	丑	戌	辰	丑	未	辰

4 12운성의 해설

12운성이란 포태법, 절태법이란 용어로도 사용되고 사주명리학뿐만 아니라 풍수학 등 많은 분야에서 활용되고 있다. 특히 사주명리학에서는 오랜 역사를 가지고 있고 수많은 사주명리학 고서들에서도 12운성이 중요한 부분으로 기록되어 있다.

현재에도 신강신약의 억부법과 용신론, 신살론의 다양한 방법에 활용되어지고 있는 것이 현실이다.

12운성이란 포(胞), 태(胎), 양(養), 생(生), 욕(浴), 대(帶), 관(冠), 왕(旺), 쇠(衰), 병(病), 사(死), 묘(墓)를 말한다. 여기서 포(胞)는 절(絶)로 묘(墓)는 장(藏)으로도 표현되고 있다.

12운성은 사주팔자의 천간이 각 지지에 해당하는 만남을 설명하고 있는 것인데 천간이 무에서부터 태어나고 살아가고 늙어가고 병들고 죽고 자연으로 돌아가고 하는 인생사를 통하여 인생에 비유하여 천간의 힘을 판단하고 나타내는 데 응용하고 있다.

1) 12운성의 기본 성정(性情)

① 절(絶)

절 또는 포(胞)는 끊어질 절의 의미로 아무것도 없는 빈 공간을 이야기하며 어머니의 빈 뱃속을 상징하고 있다.

아무것도 할 수 없는 상태로 어떤 일이나 행동도 이루어지는 것도 없고 매사에 불안정하고 인내심도 부족하다. 주변 사람들의 말에 부화뇌동하여 어려움을 겪기 쉬운 운성이다.

② 태(胎)

엄마가 아빠와 사랑을 나누어서 뱃속에서 아기가 잉태되는 현상을 의미하니 새로운 시작을 상징하나 아직까지는 아무것도 할 수 없고 그저 잉태한 상태로 보호를 받아야 할 상태이니 계획은 있지만 어떤 일도 진행되지 못하고 막힘만 있는 상황의 운성이다.

③ 양(養)

아기가 잉태하여 엄마의 뱃속에서 자라고 있는 상태로서 10개월의 임신 기간은 언제 유산될지 모르고 힘든 상태이며 보호받아야 할 상황의 모습이다. 그러므로 생각은 있지만 실천과 행동은 따르지 못하는 준비기간일 뿐이니 자칫 서두르면 일이 막히고 중도에서 실패수가 따르는 운성이다.

④ 생(生)

장생(長生)의 줄임말로서 아기가 엄마의 배에서 세상 밖으로 태어나는 상태로 이제야 하나의 인간으로서 세상의 삶을 얻었다고 본다. 생각과 계획들을 실제로 실천하고 행동하여 움직이는 운으로서 중후하고 기품이 넘치고 온후하여 주변의 칭송과 명예를 얻게 된다. 자신감도 함께하여 자기의 뜻이 원하는 대로 이루어지는 운성이다.

⑤ 욕(浴)

목욕(沐浴)의 줄임말로서 이제는 서서히 자라서 이성을 알아가는 사춘기 전후의 시기이다. 아직은 성인이 되지 못한 불안정한 상태이니 풍류에 휩싸이고 주색에 빠지고 음란해지기 쉽다. 풍파와 이성 문제가 끊이지 않아 하는 일들이 모두 막히고 꼬이며 구설수나 관재수가 늘 따르게 되는 운성이다.

⑥ 대(帶)

관대의 줄임말로 의복을 갖추어서 성인이 되는 시기. 즉, 성인식을 말한다. 결혼을 하는 시기로서 이제야 정식으로 어른이 되고 그로써 중후하고 인품이 있는 행동과 적극적인 성품으로 어떠한 일도 시원스럽게 추진하고 어려움 없이 계속적으로 번영 발전해나가는 운성이다.

⑦ 관(冠)

건록(建祿)의 줄임말로서 의관을 갖추고 벼슬길에 들어가 자신이 맡은 바 임무와 직책을 수행한다. 관직으로써 복록을 얻게 되니 식록도 풍족하고 편안한 상태를 상징하니 매사 적극성과 자신감, 성실성이 돋보이고 맡은 바 최선을 다하고 최상의 결과가 있게 되니 희망과 발전의 운성이다.

⑧ 왕(旺)

제왕(帝旺)의 줄임말로서 벼슬, 즉, 직장에서 최고의 위치에 오르게 되어 왕성한 힘과 세력을 형성하게 됨을 상징한다. 주체성이 강하고 배짱이 두둑하며 적극적이고 활동적이어서 매사에 행동가적 기질을 보이며 하고자 하는 일들이 모두 성사되고 완성되어가는 최고 전성기의 운성이다. 다만 너무 아집과 고집으로 자칫 실패의 어려움도 알게 되는 운성이기도 하다.

⑨ 쇠(衰)

직장에서 정년 퇴직하거나 최고의 자리에서 물러서거나 서서히 쇠퇴해가는 상태를 의미하니 매사에 의욕도 상실되고 소심해지며 기운마저도 쇠약해져가는 시기이다. 하는 일마다 막히고 꺾이며 주변 사람들과의 관계도 인덕도 없고 늘 구설수가 따르고 어려움이 점진하는 운성이다.

⑩ 병(病)

직장에서 물러나 세월이 흐르다보니 나이 들고 병들어 있는 상태를 의미한다. 매사 시작도 하기 힘들고 하는 일들도 정체되어 좌절되고 건강도 매우 나빠지거나 악화되어 모든 일이 실패와 고난만 연속되고마는 운성이다.

⑪ 사(死)

이 세상과 하직하여 죽음에 이르게 됨을 상징하여 활동할 수 없는 상태로 정지되고 독단적인 패배와 패망의 길로 내달리는 상황이다. 사업의 부도나 직업의 불안정, 관재수, 구설수로 인한 건강 악화로 모든 것이 묶여버리는 운성이다.

⑫ 묘(墓)

죽음 후의 산소, 즉, 묘 자리에 들어가면 모든 활동이 정지되고 종식되는 공허한 상태임을 상정한다. 하는 일은 모두 최악의 상태로 떨어지고 직장에서 쫓겨나거나 사람이 죽는 등의 불운이 반복되는 운성이다.

5 12운성의 응용

1) 12운성으로 보는 대운론과 육친론

① 흉한 12운성(절, 목욕, 묘, 태, 쇠, 병, 사)

비견, 겁재: 친구, 동업자, 형제와의 인연이 없고 힘들다.

식신, 상관: 여자는 자식 복이 없고 남녀 모두 의식주 복이 없다.

편재, 정재: 아버지와의 인연이 없으며 재물 복이 없다. 남자는 여자와의 인연도
　　　　　　없다.

편인, 정인: 어머니와의 인연이 없으며 부동산과의 인연도 없다.

② 길한 12운성(장생, 관대, 건록, 제왕)

비견, 겁재: 친구, 동업자, 형제와의 인연이 있고 덕이 있다.

식신, 상관: 여자는 자식 복이 있고 남녀 모두 의식주 복이 넘친다.

편재, 정재: 아버지와의 인연이 크고 복이 넘치며 재물 복이 있다. 남자는 여자
　　　　　　와의 복이 크다

편관, 정관: 직업이 왕성하고 여자는 남편, 남자는 자식 복이 크다.

편인, 정인: 어머니와의 복이 크며 부동산 복도 넘친다.

2) 12운성으로 보는 근묘화실론

포(胞)

① 연주: 조부모궁에 포가 있으면 조상의 유업을 지키지 못하고 선조대에 양자

나 서자 집안이 되었다고 본다.

② 월주: 부모형제궁에 포가 있으면 부모형제와의 인연이 박해 일찍 고향을 떠나거나 부모형제와 사별할 수 있으며 사회생활에서도 막히고 꼬이게 되었다고 본다.

③ 일주: 본인, 배우자궁에 포가 있으면 일찍 고향을 떠나게 되며 고생이 많고 호색으로 신세를 망치는 경우도 있다고 본다.

④ 시주: 자식궁에 포가 있으면 자녀가 풍랑이 심하고 자손으로 인한 어려움이 따르고 재산을 탕진하고 말년에 고생한다고 본다.

태(胎)

① 연주: 조부모궁에 태가 있으면 선조대에 집안이 조금씩 발전하기 시작했다고 본다.

② 월주: 부모형제궁에 태가 있으면 부모대에 고향을 떠나 거주지를 자주 옮기어 이사가 잦고 형제수가 적고 복도 많지 않았다고 본다.

③ 일주: 배우자궁에 태가 있으면 부모형제와의 인연과 덕도 없으며 건강도 약하고 배우자 복과 인연이 없어 불화가 심각하고 생사이별이 있다고 본다.

④ 시주: 자식궁에 태가 있으면 자식이 나의 유업을 계승하기 어렵고 물려준 재산을 모두 탕진한다고 본다.

양(養)

① 연주: 조부모궁에 양이 있으면 조부모 복이 없어 조부모가 자녀가 없어 부친이 양자이었거나 아니면 부친이 타부모를 모시게 되었다고 본다.

② 월주: 부모형제궁에 양이 있으면 부모와의 인연이 없어 양자를 가거나 또는 타부모와 살게 되거나 타부모를 모시게 된다고 본다.

③ 일주: 배우자궁에 양이 있으면 부모와의 인연이 없어 양자이거나 다른 집에

서 양육되고 배우자와의 인연이 없어 생사이별의 아픔이 되었다고 본다.

④ 시주: 자녀궁에 양이 있으면 자녀와의 인연이 없어 자녀를 양자로 보내거나 다른 집 아이를 키우게 되었다고 본다.

장생(長生)

① 연주: 조부모궁에 생이 있으면 선조대나 조부모의 복과 덕이 있어 선대조에 발복하였거나 부친이 조부모에게 유산 상속을 매우 많이 받았다고 본다.

② 월주: 부모형제궁에 생이 있으면 부모형제 복과 덕이 있어 부모대에 발복하였고, 형제도 많고 형제애도 돈독하다고 본다.

③ 일주: 배우자궁에 생이 있으면 부부가 화목하고 애정이 돈독하며 본인과 배우자 모두 입신 출세하고 명예와 공명이 있다고 본다.

④ 시주: 자식궁에 생이 있으면 자손이 크게 입신 출세하고 부귀하게 되어 가문을 빛내게 되고 자손으로부터 효도를 받게 된다고 본다.

목욕(沐浴)

① 연주: 조부모궁에 욕이 있으면 선대조나 조부모가 주색과 풍류를 즐기다가 방랑과 이별로 세월을 보내고 주색으로 패가했다고 본다.

② 월주: 부모형제궁에 욕이 있으면 부모형제가 주색과 풍류를 즐기고 첩을 들이거나 서모나 계모가 있게 되고 이복형제가 있다고 본다.

③ 일주: 배우자궁에 욕이 있으면 부모와 인연이 박하여 일찍 고향을 떠나 자수성가하고 주색과 풍류로 세월을 보내고 배우자와의 생사이별이 있다고 본다.

④ 시주: 자식궁에 욕이 있으면 자식이 주색과 풍류에 빠져 헤어나지 못하고 부모에게 불효한다고 본다.

관대(冠帶)

① 연주: 조부모궁에 대가 있으면 선대조가 발복하여 가문이 번성하였고 본인
은 어릴 적 풍족한 삶을 영위하고 가정교육을 잘 받았다고 본다.

② 월주: 부모형제궁에 대가 있으면 부모형제가 번영하고 발전하였으며 명망을
얻었으며 훌륭한 가문 소리를 들었다고 본다.

③ 일주: 배우자궁에 대가 있으면 배우자가 인품이 뛰어나고 인물도 뛰어나서
주변 사람들의 칭송이 자자한 사람이라고 본다.

④ 시주: 자식궁에 대가 있으면 자손이 발복하고 명예를 크게 얻게 되고 자식으
로부터 효도를 받게 되어 말년이 풍족하다고 본다.

건록(建祿)

① 연주: 조부모궁에 녹이 있으면 선대조에 발복하여 영화롭고 명예가 크고 가
문이 번성하였고 유산 상속이 매우 컸으며 본인은 어릴 적 풍족한 삶을 누렸
다고 본다.

② 월주: 부모형제궁에 녹이 있으면 부모형제가 영화를 얻고 발복하였으며 본
인은 가업을 이어받는 장남이나 장녀가 많고 일찍 사회에 진출한다고 본다.

③ 일주: 배우자궁에 녹이 있으면 본인과 배우자가 모두 온순하고 겸손하며 재
능이 탁월하여 주변의 부러움을 한몸에 받게 된다고 본다.

④ 시주: 자식궁에 녹이 있으면 자손이 부귀 출세하고 효도를 하며 본인 또한 말
년에 발복하여 큰 영예를 얻게 된다고 본다.

제왕(帝旺)

① 연주: 조부모궁에 왕이 있으면 선대조에 부귀하고 영달하였으니 품격 있는
가문이었고 본인은 초년에 풍족한 삶을 영위하였다고 본다.

② 월주: 부모형제궁에 왕이 있으면 부모형제가 가문을 빛내고 입신출세하여

명예가 드높고 부귀하였으며 본인은 청년기에 권위 있는 사람이었다고 본다.

③ 일주: 배우자궁에 왕이 있으면 배우자나 본인이 매우 고집이 세고 자존심이 강해 타인을 무시하는 경향이 강하고 생사이별할 수 있다고 본다.

④ 시주: 자녀궁에 왕이 있으면 자손이 입신 출세하고 부귀하게 되나 명예심이 너무 높아 안하무인이 될 수도 있다고 본다.

쇠(衰)

① 연주: 조부모궁에 쇠가 있으면 선대조에 가문이 몰락하고 풍비박산하니 집 안이 뿔뿔이 흩어져 간신히 연명해나갔다고 본다.

② 월주: 부모형제궁에 쇠가 있으면 부모대에 재산이 흩어지고 가정이 몰락하니 부모형제와 생사이별의 어려움이 있었다고 본다.

③ 일주: 배우자궁에 쇠가 있으면 배우자가 무기력하고 병약하여 생사이별의 아픔을 겪게 되고 매우 가난한 삶을 산다고 본다.

④ 시주: 자녀궁에 쇠가 있으면 자손이 귀하고 그 자손마저 하는 일이 막히고 실패가 잦으며 잔병치레로 고생한다고 본다.

병(病)

① 연주: 조부모궁에 병이 있으면 선대조에 질병이 있고 재산을 탕진하여 가문이 몰락하였다고 본다.

② 월주: 부모형제궁에 병이 있으면 부모형제가 질병으로 고생하여 재산이 흩어졌으며 본인도 부모와 생이별의 아픔이 있었다고 본다.

③ 일주: 배우자궁에 병이 있으면 본인이 어릴 적 병약하였으며 배우자 또한 병약하고 생사이별의 아픔을 겪게 되거나 배우자의 인연이 적다고 본다.

④ 시주: 자녀궁에 병이 있으면 자손이 병약하고 허약하여 늘 질병으로 고생하고 부모가 물려준 재산을 모두 탕진하게 된다고 본다.

사(死)

① 연주: 조부모궁에 사가 있으면 조부모가 재산도 탕진하고 늘 곤궁하였으며 조부모의 유산은 하나도 없고 본인은 초년고생이 심하였다고 본다.

② 월주: 부모형제궁에 사가 있으면 부모가 건강도 좋지 않았고 재산도 모두 흩어져 가난을 면치 못하였고 부모형제와의 인연이 희박하였다고 본다.

③ 일주: 배우자궁에 사가 있으면 본인과 배우자 모두 병약하고 하는 일마다 재난이 겹쳐서 재물복, 명예복이 전무하고 부부애도 없다고 본다.

④ 시주: 자녀궁에 사가 있으면 자손이 귀하고 그 자손마저 재산 탕진, 병약한 체질로 불효하게 된다고 본다.

묘(墓)

① 연주: 조부모궁에 묘가 있으면 조부모가 몰락하여 빈곤한 삶을 영위하였고 본인은 가난한 집안에서 태어났다고 본다.

② 월주: 부모형제궁에 묘가 있으면 부모형제와의 인연이나 복과 덕이 부족하여 생사이별하게 된다고 본다.

③ 일주: 배우자궁에 묘가 있으면 배우자가 병약하여 곤궁하게 되고 항상 고민으로 살아가야 하며 반드시 생사이별하게 된다고 본다.

④ 시주: 자녀궁에 묘가 있으면 자손이 병약하고 빈곤한 삶을 살게 되고 반드시 단명하여 불효하게 된다고 본다.

6 12운성 이론의 문제점

일반 이론에서 12운성 이론은 두 가지의 치명적인 문제점을 가지고 있다. 그 중 하나는 사주명리학의 관점과 모순되는 점이 많다는 것이다.

먼저 장생의 경우를 보자. 12운성 이론에 따르면 갑(甲)은 해(亥), 을(乙)은 오

(午), 병(丙)은 인(寅), 정(丁)은 유(酉), 무(戊)는 인(寅), 기(己)는 유(酉), 경(庚)은 사(巳), 신(辛)은 자(子), 임(壬)은 신(申), 계(癸)는 묘(卯)가 장생이고, 해당 장생으로부터 생(生)을 받는다고 하는데 갑(甲)과 병(丙)과 임(壬)을 제외한 나머지 일곱 개는 전혀 생(生)과 무관하다는 것이다. 을(乙)의 장생인 오(午)는 오히려 을목(乙木)이 오화(午火)를 생해주어야 하고 정(丁)은 장생인 유금(酉金)을 화극금(火剋金)으로 극하여 기운을 빼앗는다.

이러한 모순은 사(死)에서도 나타난다. 12운성에서 갑(甲)에는 오(午), 을(乙)에는 해(亥), 병(丙)에 유(酉), 정(丁)에 인(寅), 무(戊)에 유(酉), 기(己)에 인(寅), 경(庚)에 자(子), 신(辛)에 사(巳), 임(壬)에 묘(卯), 계(癸)에 신(申)이 사(死)에 해당되는데 을(乙)이 해(亥)에 정(丁)이 인(寅)에 죽는다는 논리는 생극작용을 완전히 무시한 전혀 타당성이 없는 이론이다.

이렇듯 허무맹랑한 이론을 가지고 꽤 오랜 세월 사주 상담을 해왔다고 생각하면 등골이 오싹해질 뿐이다. 몇몇 학자들은 이런 잘못된 학설임을 알게 되고 나서는 다시 수정된 12운성의 이론을 제시하였는데 음포태는 사용하지 않고 음양은 함께 살고 함께 죽는다고 하여 양포태만을 사용하기도 한다. 다만 음포태, 양포태를 모두 사용할 때보다는 조금은 이론적 타당성이 있어 보이지만 해석으로 들어가면 가슴이 메어질 정도로 어이가 없는 경우가 많다.

12운성의 두번째 문제점은 사람들에게 긍정적이고 희망적인 내용보다는 부정적이고 좌절적인 내용이 많다보니 12신살에 비해서는 덜하지만 12운성을 통해서 상담을 받다보면 매사에 나쁜 일만 생길 것 같다는 느낌이 든다. 더불어 12운성을 통해서 상담하면서 부정적인 면을 강조하고 부적이나 굿을 강요하는 사람들이 아직도 존재하고 있는 것 또한 현실이다. 다음은 유명 일반 사주명리 연구가들이 쓴 12운성법의 일주 해설만 간략하게 정리해보겠다.

• 12운성 이론의 일주 해설

12운성	해 석	길 흉
장생	배우자 복, 가정 행복, 부부 금슬 좋음, 부모에게 효도, 부모 은덕	길
목욕	부모 일찍 여의거나 부모 복 없음, 주색 잡기, 부부 인연 없음	흉
관대	의지 강함, 용모 수려, 두뇌 총명, 가정 평안, 직업 변동 많다	흉
건록	의지가 굳음, 계획적, 주관 뚜렷, 양자 가능성, 여성 배우자 복 없다	남자 길 여자 흉
제왕	자존심 강함, 양자 가능, 양부모 모심, 고향 떠나 자수성가, 여성 배우자 복 없다	남자 길 여자 흉
쇠	결혼 운 박약, 부부 인연 없음, 가족과 생사이별	흉
병	체질 약함, 중병, 부부 인연 박약, 부부 생사이별	흉
사	부부지간 냉담 다툼, 신경질적 성질, 중년 이후 생사이별	흉
묘	초년 병치레 허약, 여성은 부부운 박약	흉
절(포)	이성관계가 복잡, 가정 소홀, 부부 다툼, 부부 별거, 이혼	흉
태	의지 부족, 신체 허약, 죽을 위험, 부모 부양, 시부모와 갈등	흉
양	연애 결혼, 의지력, 결단력, 고향 떠나 객지 생활, 재주 많다	흉

12운성을 통해서 연주는 조상·조부모 운과 초년운을, 월주는 부모형제 운과 청년운을, 일주는 배우자와 중년운을, 시주는 자식운과 말년운을 본다.

그런데 앞의 일주로 분석한 결과 남자는 길이 4개 흉이 8개이고 여자는 길이 2개이고 흉이 10개로 여성에게 흉으로 작용하는 경우가 더 많아 사주명리학계에 남아 있는 남녀 불평등의 문제가 고스란히 담겨져 있음은 물론 남성 또한 길보다는 흉이 많다는 것은 12운성이 사주명리학의 이론체계로는 적합하지 않다는 결론으로 볼 수 있다. 지금까지 역사는 후퇴보다는 발전을 거듭해왔고 성장도 꾸준히 해왔고 수명도 엄청나게 늘어나게 되었다. 그렇다면 모든 사람들에게 부정적인 운명보다는 긍정적이고 희망적인 삶의 운명이 있었다고 보아야 할 것이고 사주명리학의 이론 또한 그래야만 된다고 하겠다. 12운성의 이론처럼 부정적인 내용이 많다면 우리 인류의 역사는 벌써 종말을 했어야 할 것이다. 연주, 월주, 시주 또한 일주와 비슷한 형태의 길흉 분포가 있는 것으로 보아 12운성의 이론적 한계가 있다고 본다. 연월일시로 보지 않고 육신으로 보는 방법이나 12신살과 함께 보는 방법도 있으나 기본적인 길흉의 분포는 바뀌지 않으니 앞서 설명한 일주 해석의 길흉 분포와 거의 유사하다고 볼 수 있다.

또한 육신을 통한 가족관계를 분석하기도 하는데 일간과 오행이 같은 비견에 목욕(沐浴)이 있으면 형제들이 풍류와 주색에 빠지게 되고 일간이 극하는 정재(正財)에 목욕이 있으면 배우자가 미남, 미녀이나 바람기가 있고 주색잡기에 빠진다고 하고 일간을 극하는 정관에 묘(墓)가 있으면 남편과 인연이 박약하고 일간이 극하는 정재에 묘가 있으면 남편과 인연이 박약하다고 하기도 하나 검토하고 임상 실험을 해보았지만 전혀 타당성이 부족한 이론이었다. 12운성과 같은 신살 종류는 앞서 공부한 10개 정도의 장점과 단점이 함께 있고 장점과 단점을 모두 갖추고 있는 신살을 빼고는 모두 과거의 기억 속으로 사라져야 할 것이다.

• 12운성의 순환표

壬庚丙甲 戊 絶生祿病	壬庚丙甲 戊 胎浴旺死	壬庚丙甲 戊 養冠衰墓	壬庚丙甲 戊 生祿病絶
巳	午	未	申
癸辛丁乙 己 胎死旺浴	癸辛丁乙 己 絶病祿生	癸辛丁乙 己 墓衰冠養	癸辛丁乙 己 死旺浴胎
壬庚丙甲 戊 墓養冠衰	南		壬庚丙甲 戊 浴旺死胎
辰			酉
癸辛丁乙 己 養墓衰冠	東　　　　西		癸辛丁乙 己 病祿生絶
壬庚丙甲 戊 死胎浴旺			壬庚丙甲 戊 冠衰墓養
卯			戌
癸辛丁乙 己 生絶病祿	北		癸辛丁乙 己 冠衰養墓
壬庚丙甲 戊 病絶生浴	壬庚丙甲 戊 衰墓養冠	壬庚丙甲 戊 旺死胎浴	壬庚丙甲 戊 祿病絶生
寅	丑	子	亥
癸辛丁乙 己 浴胎死旺	癸辛丁乙 己 冠養墓衰	癸辛丁乙 己 祿生絶病	癸辛丁乙 己 旺浴胎死

7 12운성의 강약

1) 사왕지(四旺地) : 기(氣)를 얻으면 강해진다.

① 제왕(帝旺) : 인간 생활 중 가장 정력이 왕성하다.

② 건록(建祿) : 자라서 혈기 왕성하고 사회 활동의 중추가 된다.

③ 관대(冠帶) : 15세 된 성인으로서 관직에 응시한다.

④ 목욕(沐浴) : 출생 후 목욕하는 과정으로서 싹은 아직 무르다.

이 사조(四組)가 제일 강하다 할 수 있다.

2) 사평지(四平地) : 기를 설기(泄氣)하여 약해진다.

① 장생(長生) : 사람이 제일 먼저 출생한 기쁨의 시기다.

② 양(養) : 모체의 영양을 섭취하고 새로운 생기가 있다.

③ 쇠(衰) : 왕성의 다음에서 쇠약하기 전이다.

④ 병(病) : 늙어서 병들고 원기가 쇠약할 때다.

이 사조가 보통이라 할 수 있다.

3) 사쇠지(四衰地) : 상충(相沖)하면 기가 생긴다.

① 절(絶) : 앞뒤도 없는 영혼의 개입 직전이다.

② 묘(墓) : 사후에 묘에 들어가서 평안한 시기다.

③ 사(四) : 병들어 앓으면 노병(老病)으로 죽는다.

④ 태(胎) : 모체에서 한 생명이 이어지는 현상이다.

이 사조가 제일 약하다고 할 수 있다.

위와 같이 12운성은 4개씩 왕쇠(旺衰)를 나타내는데 사왕지는 왕성함을 뜻하고 사평지는 평운(平運)을 뜻하며 사쇠지는 몰지(沒地)를 뜻한다.

08

12운성 묘궁론 墓宮論

1 12운성의 의미

12운성(十二運星)은 포태법(胞胎法)·절태법(絶胎法)·장생법(長生法)이라고 불린다. 12운성은 12개 별자리를 기준으로 적용하였으나 12운성의 역사나 유래는 언제 어디서 누가 시작하였는지는 문헌에 명확하게 나타나 있지 않다. 후대 사람들에 따르면 귀곡자 선생이 12운성을 처음 사용하였다고 전해오고 있다. 이는 귀곡자 선생이 이 분야의 대가이다보니 후대 사람들이 귀곡자의 이름을 사용하여 이론의 신뢰도를 높이기 위한 방편이 아니었을까 생각한다.

12운성은 신강(身强), 신약(身弱) 이론이나 가족관계에서 인연이나 복의 유무를 따질 때 많이 사용하고 있다. 12운성은 일간(日刊, 때에 따라서는 연월일시 천간을 모두 사용함)을 중심으로 갑을병정무기경신임계(甲乙丙丁戊己庚辛壬癸) 십간(十干)의 기운이 강한가 약한가, 기운이 사는가 죽는가의 흐름을 살펴보는 것이다. 기운이 강하고 살아나면 복과 덕이 있고 기운이 약하고 죽어가면 고난과 고통이 있다고 본다.

예를 들어 인목(寅木) 재성인데 12운성으로 기운이 약하고 죽어가는 것에 해당되면 재물운이 없어 사업이 부도가 나거나 동업이나 보증 투자 등으로 금전적으로 큰 손실을 당하게 된다는 것이다. 인목 재성이 기운이 강하면 재물복이 있어 사업이 번창하고 투자나 유산 상속 등의 금전운이 크게 들어온다고 본다. 또한 12운성이 있는 위치에 따라 어느 시기에 발현될지 예측할 수 있다고 한다.

12운성을 활용하여 신강한 사주인가 신약한 사주인가를 분석하여 사주의 귀천을 논하는 이론과 형제, 자식, 부인, 남편, 아버지, 어머니 등 가족과의 인연과 생사이별 등을 분석하는 데 많이 사용하고 있다. 이외에도 성격, 재물, 명예, 운세 등 인생 전반의 운명을 보는 사주명리학자들도 있다. 12운성은 사주명리학뿐만 아니라 풍수의 이기론(理氣論)에서도 꽤 비중있게 활용하고 있는 이론이다.

12운성법은 여자의 빈 배에서 남자와 사랑을 나누고 임신하여 10개월의 기간을 지나 아기가 태어나고 성장하고 결혼하고 관직에 들어가고 늙고 죽어서 묘에 들어가는 생로병사(生老病死)의 이치를 12지지(十二地支)에다 결합시켜서 해석해놓은 것이다.

오랜 역사를 지나온 12운성법이 아직까지도 사주명리학자 사이에서 활용되고 있지만 뚜렷한 타당성 있는 통계는 나오지 않고 있다.

② 12운성 뽑는 법

12운성의 뽑는 방법은 일간을 중심으로 한다. 일간을 중심으로 12운성을 뽑는 방법도 선생님에 따라 두 가지 분류법이 있는데 하나는 일간 오행으로 12운성을 뽑는 방법이 있고 하나는 일간을 양 일간과 음 일간으로 나누어 뽑는 방법이 있다. 먼저 일간 오행으로 12운성을 뽑는 방법을 알아보자.

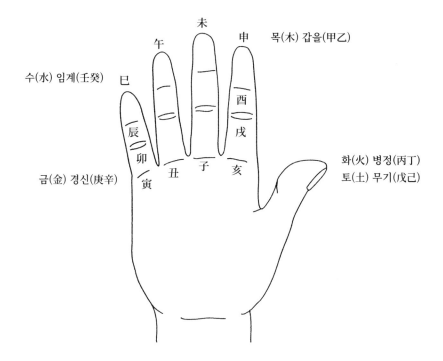

수(水) 임계(壬癸)

목(木) 갑을(甲乙)

화(火) 병정(丙丁)
토(土) 무기(戊己)

금(金) 경신(庚辛)

　손가락에 자축인묘진사오미신유술해 지지를 배열하고 목(木) 일간을 신(申) 자리에 화(火) 일간이나 토(土) 일간을 해(亥) 자리에 금(金) 일간은 인(寅) 자리에 수(水) 일간은 사(巳) 자리에 놓고 12운성의 순서대로 포(胞), 태(胎), 양(養), 생(生), 욕(浴), 대(帶), 관(冠), 왕(旺), 쇠(衰), 병(病), 사(死), 묘(墓)의 순서대로 시계 방향으로 붙여간다.

• 오행 일간별 12운성표

일간 \ 지지	목(木)·갑을일간	화(火)·병정일간 토(土)·무기일간	금(金)일간· 경신일간	수(水)일간· 임계일간
인(寅)	건록	장생	절	병
묘(卯)	제왕	목욕	태	사
진(辰)	쇠	관대	양	묘
사(巳)	병	건록	장생	절
오(午)	사	제왕	목욕	태
미(未)	묘	쇠	관대	양
신(申)	절	병	건록	장생
유(酉)	태	사	제왕	목욕
술(戌)	양	묘	쇠	관대
해(亥)	장생	절	병	건록
자(子)	목욕	태	사	제왕
축(丑)	관대	양	묘	쇠

• 양 일간 음 일간별 12운성 뽑는 법

일간 \ 지지	갑(甲)	을(乙)	병(丙)	정(丁)	무(戊)	기(己)	경(庚)	신(辛)	임(壬)	계(癸)
인(寅)	건록	제왕	장생	사	장생	사	포	태	병	목욕
묘(卯)	제왕	건록	목욕	병	목욕	병	태	포	사	장생
진(辰)	쇠	관대	관대	쇠	관대	쇠	양	묘	묘	양
사(巳)	병	목욕	건록	제왕	건록	제왕	장생	사	포	태
오(午)	사	장생	제왕	건록	제왕	건록	목욕	병	태	포
미(未)	묘	양	쇠	관대	쇠	관대	관대	쇠	양	묘

신(申)	포	태	병	목욕	병	목욕	건록	제왕	생	사
유(酉)	태	포	사	장생	사	장생	제왕	건록	욕	병
술(戌)	양	묘	묘	양	묘	양	쇠	관대	대	쇠
해(亥)	장생	사	포	태	포	태	병	목욕	관	제왕
자(子)	목욕	병	태	포	태	포	사	장생	왕	건록
축(丑)	관대	쇠	양	묘	양	묘	묘	양	쇠	관대

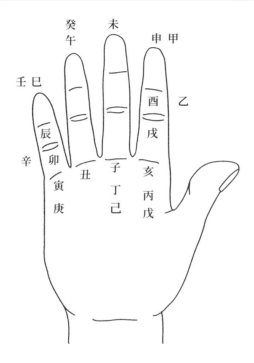

갑병무경임(甲丙戊庚壬)

→ 시계 방향으로 12운성인 포, 태, 양, 생, 욕, 대, 관, 왕, 쇠, 병, 사, 묘를 붙여간다.

을정기신계(乙丁己辛癸)

→ 시계 반대 방향으로 12운성인 포, 태, 양, 생, 욕, 대, 관, 왕, 쇠, 병, 사, 묘를 붙여간다.

양 일간과 음 일간을 분리해서 12운성법을 뽑는 방법인 양포태, 음포태법은 손가락에 자축인묘진사오미신유술해를 붙이고 꼭지점에 해당되는 인신사해 자리에는 양 일간인 갑병무경임을 놓고 시계 방향으로 12운성을 붙여간다. 자오묘유 자리에는 을정기신계를 놓고 시계 반대 방향으로 12운성을 붙여간다.

• 십이운성표

천간 12운성	갑(甲)	을(乙)	병(丙)	정(丁)	무(戊)	기(己)	경(庚)	신(辛)	임(壬)	계(癸)
포(胞)	申	酉	亥	子	亥	子	寅	卯	巳	午
태(胎)	酉	申	子	亥	子	亥	卯	寅	午	巳
양(養)	戌	未	丑	戌	丑	戌	辰	丑	未	辰
생(生) 장생(長生)	亥	午	寅	酉	寅	酉	巳	子	申	卯
욕(浴) 목욕(沐浴)	子	巳	卯	申	卯	申	午	亥	酉	寅
대(帶) 관대(冠帶)	丑	辰	辰	未	辰	未	未	戌	戌	丑
관(冠) 건록(建祿)	寅	卯	巳	午	巳	午	申	酉	亥	子
왕(旺) 제왕(帝王)	卯	寅	午	巳	午	巳	酉	申	子	亥
쇠(衰)	辰	丑	未	辰	未	辰	戌	未	丑	戌
병(病)	巳	子	申	卯	申	卯	亥	午	寅	酉
사(死)	午	亥	酉	寅	酉	寅	子	巳	卯	申
묘(墓)	未	戌	戌	丑	戌	丑	丑	辰	辰	未

③ 묘론, 묘궁론의 해설

12운성 이론 중 가장 많이 사용하고 있는 묘론(墓論), 묘궁론(墓宮論)에 대해 알아보자.

12운성 중 많이 사용하고 있는 것이 묘(墓)이다. 묘는 죽은 뒤에 무덤에 묻히는 것을 말한다. 일간을 기준으로 묘는 다음과 같다.

- **천간분류법**

일간	갑(甲)	을(乙)	병(丙)	정(丁)	무(戊)	기(己)	경(庚)	신(辛)	임(壬)	계(癸)
묘(墓)	미(未)	술(戌)	술(戌)	축(丑)	술(戌)	축(丑)	축(丑)	진(辰)	진(辰)	미(未)

- **오행분류법**

	갑을	병정	무기	경신	임계
일간	목(木)	화(火)	토(土)	금(金)	수(水)
묘(墓)	미(未)	술(戌)	술(戌)	축(丑)	진(辰)

묘는 일간을 기준으로 연월일시 어디에 있어도 해당된다.

갑목일간에 묘는 미(未)인데 연지, 월지, 일지, 시지 어디에든 미가 있으면 그것이 바로 묘에 해당된다. 사주원국에 묘가 많을수록 작용이 매우 강하고 하나가 있어도 일지나 월지에 있으면 강하게 작용한다고 보고 있다.

묘는 무덤에 갇히는 것은 아니고 상징성으로 무덤에 갇히는 것과 같은 부정적인 일들이 발생한다고 본다. 즉, 묘는 시체나 묘에 가두어진 사람처럼 감정이 메말라 있거나, 생사이별하여 가족이나 지인의 죽음을 맞이한 듯 슬픔을 안고 살거나, 하는 일이 모두 시체처럼 멈추어버리는 상황을 상징한다.

묘의 활용은 육친 중 어디에 있는가에 따라 달라진다.

비겁이 묘(墓)에 해당하면 비겁 문제가 발생하고
식상이 묘에 해당하면 식상 문제가 발생하고
재성이 묘에 해당하면 재성 문제가 발생하고
관성이 묘에 해당하면 관성 문제가 발생하고
인성이 묘에 해당하면 인성 문제가 발생한다.

1) 천간 분류법

① 갑목(甲木) 일간

미(未) 비견 묘(갑의 묘)

술(戌) 겁재 묘(을의 묘)

술(戌) 식신 묘(병의 묘)

축(丑) 상관 묘(정의 묘)

술(戌) 편재 묘(무의 묘)

축(丑) 정재 묘(기의 묘)

축(丑) 편관 묘(경의 묘)

진(辰) 정관 묘(신의 묘)

진(辰) 편인 묘(임의 묘)

미(未) 정인 묘(계의 묘)

② 을목(乙木) 일간

술(戌) 비견 묘(을의 묘)

미(未) 겁재 묘(갑의 묘)

축(丑) 식신 묘(정의 묘)

술(戌) 상관 묘(병의 묘)

축(丑) 편재 묘(기의 묘)

술(戌) 정재 묘(무의 묘)

진(辰) 편관 묘(신의 묘)

축(丑) 정관 묘(경의 묘)

미(未) 편인 묘(계의 묘)

진(辰) 정인 묘(임의 묘)

③ 병화(丙火) 일간

술(戌) 비견 묘(병의 묘)

축(丑) 겁재 묘(정의 묘)

술(戌) 식신 묘(무의 묘)

축(丑) 상관 묘(기의 묘)

축(丑) 편재 묘(경의 묘)

진(辰) 정재 묘(신의 묘)

진(辰) 편관 묘(임의 묘)

미(未) 정관 묘(계의 묘)

미(未) 편인 묘(갑의 묘)

술(戌) 정인 묘(을의 묘)

④ 정화(丁火) 일간

축(丑) 비견 묘(정의 묘)

술(戌) 겁재 묘(병의 묘)

축(丑) 식신 묘(기의 묘)

술(戌) 상관 묘(무의 묘)

진(辰) 편재 묘(신의 묘)

축(丑) 정재 묘(경의 묘)

미(未) 편관 묘(계의 묘)

진(辰) 정관 묘(임의 묘)

술(戌) 편인 묘(을의 묘)

미(未) 정인 묘(임의 묘)

⑤ 무토(戊土) 일간

술(戌) 비견 묘(무의 묘)

축(丑) 겁재 묘(기의 묘)

축(丑) 식신 묘(경의 묘)

진(辰) 상관 묘(신의 묘)

진(辰) 편재 묘(임의 묘)

미(未) 정재 묘(계의 묘)

미(未) 편관 묘(갑의 묘)

술(戌) 정관 묘(을의 묘)

술(戌) 편인 묘(병의 묘)

축(丑) 정인 묘(정의 묘)

⑥ 기토(己土) 일간

축(丑) 비견 묘(기의 묘)

술(戌) 겁재 묘(무의 묘)

진(辰) 식신 묘(신의 묘)

축(丑) 상관 묘(경의 묘)

미(未) 편재 묘(계의 묘)

진(辰) 정재 묘(임의 묘)

술(戌) 편관 묘(을의 묘)

미(未) 정관 묘(갑의 묘)

축(丑) 편인 묘(정의 묘)

술(戌) 정인 묘(병의 묘)

⑦ 경금(庚金) 일간

축(丑) 비견 묘(경의 묘)

진(辰) 겁재 묘(신의 묘)

진(辰) 식신 묘(임의 묘)

미(未) 상관 묘(계의 묘)

미(未) 편재 묘(갑의 묘)

술(戌) 정재 묘(을의 묘)

술(戌) 편관 묘(병의 묘)

축(丑) 정관 묘(정의 묘)

술(戌) 편인 묘(무의 묘)

축(丑) 정인 묘(기의 묘)

⑧ 신금(辛金) 일간

진(辰) 비견 묘(신의 묘)

축(丑) 겁재 묘(경의 묘)

미(未) 식신 묘(계의 묘)

진(辰) 상관 묘(임의 묘)

술(戌) 편재 묘(을의 묘)

미(未) 정재 묘(갑의 묘)

축(丑) 편관 묘(정의 묘)

술(戌) 정관 묘(병의 묘)

축(丑) 편인 묘(기의 묘)

술(戌) 정인 묘(무의 묘)

⑨ 임수(壬水) 일간

진(辰) 비견 묘(임의 묘)

미(未) 겁재 묘(계의 묘)

미(未) 식신 묘(갑의 묘)

술(戌) 상관 묘(을의 묘)

술(戌) 편재 묘(병의 묘)

축(丑) 정재 묘(정의 묘)

술(戌) 편관 묘(무의 묘)

축(丑) 정관 묘(기의 묘)

축(丑) 편인 묘(경의 묘)

진(辰) 정인 묘(신의 묘)

⑩ 계수(癸水) 일간

미(未) 비견 묘(계의 묘)

진(辰) 겁재 묘(임의 묘)

술(戌) 식신 묘(을의 묘)

미(未) 상관 묘(갑의 묘)

축(丑) 편재 묘(정의 묘)

술(戌) 정재 묘(병의 묘)

축(丑) 편관 묘(기의 묘)

술(戌) 정관 묘(무의 묘)

진(辰) 편인 묘(신의 묘)

축(丑) 정인 묘(경의 묘)

2) 오행 분류법
① 목(木) 일간
목(木) 비겁의 묘 미(未)

화(火) 식상의 묘 술(戌)

토(土) 재성의 묘 술(戌)

금(金) 관성의 묘 축(丑)

수(水) 인성의 묘 진(辰)

② 화(火) 일간
화(火) 비겁의 묘 술(戌)

토(土) 식상의 묘 술(戌)

금(金) 재성의 묘 축(丑)

수(水) 관성의 묘 진(辰)

목(木) 인성의 묘 미(未)

③ 토(土) 일간
토(土) 비겁의 묘 술(戌)

금(金) 식상의 묘 축(丑)

수(水) 재성의 묘 진(辰)

목(木) 관성의 묘 미(未)

화(火) 인성의 묘 술(戌)

④ 금(金) 일간

금(金) 비겁의 묘 축(丑)

수(水) 식상의 묘 진(辰)

목(木) 재성의 묘 미(未)

화(火) 관성의 묘 술(戌)

토(土) 인성의 묘 술(戌)

⑤ 수(水) 일간

수(水) 비겁의 묘 진(辰)

목(木) 식상의 묘 미(未)

화(火) 재성의 묘 술(戌)

토(土) 관성의 묘 술(戌)

금(金) 인성의 묘 축(丑)

■4 12운성의 활용법

사주팔자에 진술축미가 있으면 육친의 묘(墓)에 해당된다. 해당 육친과 생사이별을 하게 되어 인연이 없고 육친에 해당되는 삶에 사건, 사고가 발생하게 된다고 해석하고 있다.

오행 분류법으로 예를 들어 설명해본다.

예) 1985년 7월 14일 오전 8시

시	일	월	연	
戊	甲	癸	乙	(乾)
辰	寅	未	丑	

　월지 미(未)는 목(木)의 묘에 해당되니 비겁의 묘여서 비겁에 해당되는 형제자매와 인연이 없고 동업자, 친구, 선후배와의 인연과 복이 없다.
　연지 축(丑)은 금(金)의 묘에 해당되니 관성의 묘여서 관성에 해당되는 여자는 남편, 남자는 자식과의 인연이 없고 직장의 인연이나 복이 없고 관재수가 있을 수 있다.
　시지 진(辰)은 수(水)의 묘에 해당되니 인성의 묘여서 인성에 해당하는 어머니와 부동산, 공부 등에 인연과 복이 없고 어려움을 겪게 된다.

예) 김영삼 전 대통령 1929년 1월 14일 (양) 20시

시	일	월	연	
甲	己	乙	戊	(乾)
戌	未	丑	辰	

　위 사주는 김영삼 전 대통령의 사주로 지지에 진술축미(辰戌丑未)가 모두 구비되어 있다. 이는 비겁, 식상, 재성, 관성, 인성의 모든 육친이 묘에 입묘(入墓)되어 있다. 이를 비겁입묘, 식상입묘, 재성입묘, 관성입묘, 인성입묘라 부른다. 용신이 묘에 해당될 때 용신입묘라 부르고 남자에게 재성입묘를 부성(夫星) 입묘라 부르고 여자에게 관성입묘를 부성(夫星) 입묘라 부른다.

5 사고지와 화개살과 명예살

사고지(四庫地)는 진술축미(辰戌丑未)를 말한다. 이 사고지와 지장간(支葬干·장간葬干)의 본기(本氣)는 토(土)이다. 오행의 지장간 중에서 여기(餘氣)를 저장하고 있는 창고(倉庫)라는 의미로 고지(庫地)라 부르고 고장(庫藏)·묘고(墓庫)·묘고지(墓庫地) 등으로도 칭한다. 사고지인 진술축미는 본기에 토기(土氣)가 있으며 토 이외에 목화금수(木火金水)를 가지고 있다. 다양한 오행과 계절이 혼잡되어 있어 잡기(雜氣)라 부르기도 한다.

지지(地支)는 계절을 나타내기도 한다.

봄   인묘진(寅卯辰)
여름   사오미(巳午未)
가을   신유술(申酉戌)
겨울   해자축(亥子丑)

계절을 시작하는 글자는 인신사해(寅申巳亥)이다. 새로 생명을 시작한다고 해서 사생지(四生地), 또는 사맹지(四孟地)라고 표현한다. 계절이 가장 번성하는 시기의 글자는 자오묘유(子午卯酉)이다. 계절의 힘이 가장 왕성하다고 하여 사왕지(四旺地)라고 표현한다. 계절을 마무리하면서 잘 갈무리하여 거두어들이고 잘 저장하는 역할을 한다고 하여 사고지(四庫地), 또는 사묘지(四墓地)라고 표현한다.

진술축미 사고지 충(沖)은 이론이 다양하다. 충이 있으면 부정적인 일들이 생긴다는 이론과 창고가 열리는 작용인 개고(開庫)가 되어 재물이 튀어나오는 작용을 하여 큰 재물을 얻는다고 보는 이론도 있다.

화개살(華蓋煞)은 진술축미(辰戌丑未)로

인오술(寅午戌) 연이나 인오술(寅午戌) 일에 태어난 사람이 술(戌)이 있을 때
신자진(申子辰) 연이나 신자진(申子辰) 일에 태어난 사람이 진(辰)이 있을 때
사유축(巳酉丑) 연이나 사유축(巳酉丑) 일에 태어난 사람이 진(辰)이 있을 때
해묘미(亥卯未) 연이나 해묘미(亥卯未) 일에 태어난 사람이 미(未)가 있을 때
화개살이 작용한다.

인오술(寅午戌) 화국(火局)의 묘고(墓庫)는 술(戌)이다.
신자진(申子辰) 수국(水局)의 묘고는 진(辰)이다.
사유축(巳酉丑) 금국(金局)의 묘고는 축(丑)이다.
해묘미(亥卯未) 목국(木局)의 묘고는 미(未)이다.

화개살은 삼합(三合)의 고지(庫地)이자 묘지(墓地)이다. 고지는 계절의 끝자락에 있어서 계절을 마무리하듯 정리하여 창고에 보관한다는 뜻이고 묘지는 계절이 끝날 때마다 봄의 꽃이 지고 여름의 잎들이 지고 가을에 곡식이나 열매가 떨어지고 하듯 땅에 떨어져 다음 생을 위한 밑거름이 된다는 의미이다.

화개살의 화(華)는 화려할 화, 빛날 화, 개(蓋)는 덮을 개, 살(煞)은 죽일 살이다. 대다수의 사주명리학자들은 '화려함을 감추어 덮는다'는 뜻으로 풀이하여, 세상의 명예와 재물과 인기 등 화려함을 감추고 속세와 등진다는 의미로 해석하며, 화개살을 모든 부귀영화를 덮는 액운이 따른다고 하여 고독살, 스님살, 기생살이라고도 부른다.

조선시대에는 매우 천대받는 기피 계급이었던 스님, 기생이 된다고 하는 살이니 도화살, 역마살과 더불어 부정적인 살이었다.

명예살(名譽煞)은 진술축미(辰戌丑未)를 말한다. 사주 내에 4개가 있을 때 가장 강력한 작용을 하고 3개 있을 때 다음으로 크고 2개 있을 때는 월과 일에 동시에 있을 때 작용력이 크다. 명예살이란 명칭은 김동완 교수가 처음으로 작명한 것으

로 김동완 교수의 문하생들은 모두 명예살이라는 용어를 사용한다.

화개살을 '화려함을 덮는다'라고 해석하지 않고, 화려한 덮개가 있는 꽃가마를 타거나 화려한 일산(日傘)을 쓰는 사람으로서, 명예를 중시하는 성격으로 인정 받고 맡겨주는 직업에 관심이 큰 사람으로 해석한다.

진술축미(辰戌丑未) 4개가 고루 갖추어져 있는 사주를 사고격(四庫格)이라 하고 김영삼 전 대통령, 명나라 초대 황제 주원장, 장일순 선생님 등이 사고격의 사주이다.

09

납음오행 納音五行

1 납음오행 도표

1旬	2旬	3旬	4旬	5旬	6旬
甲子 乙丑 海中金	甲戌 乙亥 山頭火	甲申 乙酉 泉中水	甲午 乙未 沙中金	甲辰 乙巳 覆燈火	甲寅 乙卯 大溪水
丙寅 丁卯 爐中火	丙子 丁丑 澗下水	丙戌 丁亥 屋上土	丙申 丁酉 山下火	丙午 丁未 天河水	丙辰 丁巳 沙中土
戊辰 己巳 大林木	戊寅 己卯 城頭土	戊子 己丑 霹靂火	戊戌 己亥 平地木	戊申 己酉 大驛土	戊午 己未 天上火
庚午 辛未 路傍土	庚辰 辛巳 白蠟金	庚寅 辛卯 松栢木	庚子 辛丑 壁上土	庚戌 辛亥 叉釧金	庚申 辛酉 石榴木
壬申 癸酉 劍鋒金	壬午 癸未 楊柳木	壬辰 癸巳 長流水	壬寅 癸卯 金箔金	壬子 癸丑 桑自木	壬戌 癸亥 大海水
戌 亥 水	申 酉 無	午 未 金	辰 巳 水	寅 卯 無	子 丑 金

2 납음오행의 해설

1) 금(金)의 여섯 종류

① 해중금(海中金) － 바닷속의 금

② 사중금(沙中金) － 모래 속의 금(砂金)

③ 백납금(白鑞金) － 납

④ 검봉금(劍鋒金) － 칼끝의 쇠

⑤ 차천금(釵釧金) － 비녀와 팔찌를 만드는 금속

⑥ 금박금(金箔金) － 아주 얇게 편 금

2) 수(水)의 여섯 종류

① 천하수(天河水) － 은하수

② 대해수(大海水) － 큰 바닷물

③ 장류수(長流水) － 길게 흐르는 물

④ 대계수(大溪水) － 큰 시냇물

⑤ 간하수(澗下水) － 산골물

⑥ 천중수(泉中水) － 샘물

3) 목(木)의 여섯 종류

① 대림목(大林木) － 큰 숲의 나무

② 평지목(平地木) － 평지에 홀로 서 있는 나무

③ 송백목(松柏木) － 소나무와 잣나무

④ 양류목(楊柳木) － 버드나무

⑤ 석류목(石榴木) － 석류나무

⑥ 상자목(桑柘木) － 뽕나무

4) 화(火)의 여섯 종류

① 벽력화(霹靂火) – 벼락불

② 천상화(天上火) – 하늘 위의 불

③ 산두화(山頭火) – 산 머리 불

④ 산하화(山下火) – 산 아래 불

⑤ 노중화(爐中火) – 화롯불

⑥ 복등화(覆燈火) – 초롱불

5) 토(土)의 여섯 종류

① 성두토(城頭土) – 성 위의 흙

② 옥상토(屋上土) – 지붕 위의 흙

③ 벽상토(壁上土) – 벽에 바른 흙

④ 대역토(大驛土) – 큰 역참(驛站)의 흙

⑤ 노방토(路傍土) – 길가의 흙

⑥ 사중토(沙中土) – 모래 속의 흙

납음오행 허자이론(虛字理論)의 하나로 사주의 오행과 납음오행과 서로 교환해 준다는 이론으로 이 두 개의 육십갑자가 만나면 두 개의 납음오행이 탄생하여 허자(虛字)로서 작용을 한다.

	年月日時	年月日時	年月日時	年月日時	年月日時
간지납음	癸卯 金	丙午 水	丙申 火	辛巳 金	己卯 土
간지납음	辛酉 木	戊子 火	甲午 金	丁酉 火	己巳 木

❸ 납음오행의 구성 원리

• 주역(周易)의 신천수

			五行	數	궁상각치우
申己子午	9		火	1	치
乙庚丑未	8		土	2	궁
丙辛寅申	7		木	3	각
丁壬卯酉	6		金	4	상
戊癸辰戌	5		水	5	우
巳亥	4				

(각 숫자를 더한 후) ÷ 5 의 나머지가 납음오행의 수(數)가 된다. 갑술(甲戌), 을해(乙亥)는 산두화(山頭火)인데 이를 계산해보면 甲(9) + 戌(5) + 乙(8) + 亥(4) 의 숫자를 모두 합하면 26이 되고, 26÷5(무조건 오행이 다섯 개이니) = 나머지 1, 즉, 화(火)가 된다.

❹ 납음오행의 속지법

1) 납음오행 수(數)

木 −1　金 −2　水 −3　火 −4　土 −5

2) 간지수(干支數)

① 천간수(天干數): 甲乙 −1　丙丁 −2　戊己 −3　庚辛 −4　壬癸 −5

② 지간수(地支數): 子午丑美未 −1　寅申卯酉 −2　辰戌巳亥 −3

3) 간지수(干支數)를 모두 더한 후 5로 나누면 나머지 숫자가 납음오행 수이다.

예)

시	일	월	연
癸	己	己	申
酉	卯	巳	午

연주: 甲午 (1+1)=2 사중금   월주: 己巳 (3+3)=6÷5=1 대림목

일주: 己卯 (3+2)=5 성두토   시주: 癸酉 (5+2)=7÷5=2 검봉금

당사주 唐四柱

당사주(唐四柱)는 당(唐)나라 때 성행하기 시작하였다고 해서 이름 붙여진 운명학의 한 종류이다. 당사주가 당나라 시대에 성행했던 것이라면 우리나라로 보면 삼국시대(三國時代)에 해당되니 천년의 세월이 흘렀다고 보아야 하는데 오랜 옛적의 학설이 아직까지도 읽혀지고 있다는 것은 신기한 일이다.

지은이는 누구인지 알 수가 없고 토정비결(土亭秘訣)처럼 누구나 쉽게 볼 수 있도록 만들어져 있어 대중적인 학설로 볼 수 있겠다. 특히 운명학에서는 흔히 볼 수 없는 그림을 통해 누구든 쉽게 볼 수 있도록 해놓았기에, 함부로 접근할 수 없어 어렵게 여겨졌던 다른 운명학에 비해 누구나 쉽게 접근할 수 있게 만들어놓았다는 장점을 가지고 있다. 때문에 일반 서민들이 자신의 삶에 대한 운명론의 갈증을 해결하는 데 일정한 기여를 한 대중운명학의 일종이라 하겠다. 한국인에게도 토정비결에는 미치지 못하지만 당사주의 인기는 실로 대단했다. 70년대 이후로는 서서히 자취를 감추어가고 있지만 아직도 공원이나 유원지에서 그림책을 펴놓고 당사주를 보는 노땡(길가에서 영업하는 사람)들을 심심찮게 볼 수 있다.

그러나 체계적이고 과학적인 학문적 논리가 형성되기 이전에는 많은 사랑을 받은 학설이지만 임상적인 측면에서 본다면 통계적인 연구 성과가 나오지 않고 있다고 볼 수 있겠다. 일부에서는 잘 맞는다고 하여 연구하는 사람들도 있고 당사주를 보았더니 자신의 운명을 너무 잘 맞추더라는 사람들도 있지만 과학적이고 통계적인 학문으로 보기에는 미흡한 점이 많다. 당사주는 단순하고 평면적인 운명을 감정하는 데에만 활용할 수 있기 때문에 날이 갈수록 복잡해져가는 현대에 적용하기에는 문제가 있다고 볼 수 있겠다. 이런 학설은 이제는 없어져야 할 것이라고 본다.

■ 당사주의 공식 명칭

자(子) - 천귀성(天貴星)에 해당되고 자천귀(子天貴)라 부른다.
축(丑) - 천액성(天厄星)에 해당되고 축천액(丑天厄)이라 부른다.
인(寅) - 천권성(天權星)에 해당되고 인천권(寅天權)이라 부른다.
묘(卯) - 천파성(天破星)에 해당되고 묘천파(卯天破)라 부른다.
진(辰) - 천간성(天奸星)에 해당되고 진천간(辰天奸)이라 부른다.
사(巳) - 천문성(天文星)에 해당되고 사천문(巳天文)이라 부른다.
오(午) - 천복성(天福星)에 해당되고 오천복(午天福)이라 부른다.
미(未) - 천역성(天驛星)에 해당되고 미천역(未天驛)이라 부른다.
신(申) - 천고성(天孤星)에 해당되고 신천고(申天孤)라 부른다.
유(酉) - 천인성(天刃星)에 해당되고 유천인(酉天刃)이라 부른다.
술(戌) - 천예성(天藝星)에 해당되고 술천예(戌天藝)라 부른다.
해(亥) - 천수성(天壽星)에 해당되고 해천수(亥天壽)라 부른다.

■ 당사주 뽑는 법

당사주를 뽑는 데에는 연월일시 네 종류가 있다. 연월일시의 네 개의 당사주를 뽑아서 초년운, 청년운, 중년운, 말년운을 살펴보는 것이다. 먼저 띠를 살펴서 당사

주를 뽑고 띠에서부터 음력 생월에 해당하는 숫자를 시계 방향으로 세어 월에 해
당하는 당사주를 뽑고 다시 월에서부터 음력 생일에 해당하는 숫자를 시계 방향으
로 세어 일에 해당하는 당사주를 뽑고 시간은 자신의 시간에 해당하는 당사주를
찾으면 된다.

③ 당사주의 수장법

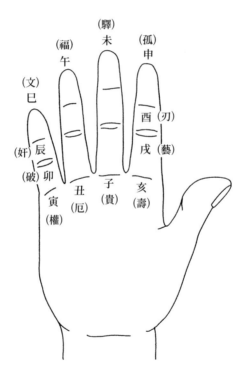

1963년 음력 6월 12일 유시(酉時)생의 당사주를 알아보자.

　1963년생은 토끼띠이니 생년(生年)의 당사주는 파(破)에 해당되니 연은 천파성
(天破星)에 해당되고 생월(生月)의 당사주는 6월생이니 생년 묘(卯)에서 1월을 시
작하여 6월까지 시계 방향으로 순서대로 6번을 세니 신(申), 즉, 고(孤)에 해당되니

월은 천고성(天孤星)에 해당된다. 생일(生日)은 12일이니 생월의 신(申)에서 시작하여 12번을 시계 방향으로 세니 역(驛)에 해당되니 천역성(天驛星)에 해당되고 시간은 유시(酉時)에 해당되니 유(酉)에 해당되는 당사주가 인(刃)이니 시는 천인성(天刃星)에 해당된다.

그러므로 1963년 음력 6월 12일 유시(酉時)생의 당사주는 연(年)은 천파성(天破星), 월(月)은 천고성(天孤星), 일(日)은 천역성(天驛星), 시(時)는 천인성(天刃星)이다. 연은 초년운(初年運)을, 월은 청년운(靑年運)을, 일은 중년운(中年運)을, 시는 말년운(末年運)을 본다.

④ 당사주의 해설

자천귀(子天貴) ― 귀(貴)하게 된다. 명예를 얻는다.
축천액(丑天厄) ― 액운이 많다. 굴곡이 심하다.
인천권(寅天權) ― 권력을 얻고 사람이 따른다.
묘천파(卯天破) ― 파괴를 당하고 굴곡이 심하다.
진천간(辰天奸) ― 지혜가 넘치고 심하면 간사하다.
사천문(巳天文) ― 문장에 뛰어나고 학문에 열정이 많다.
오천복(午天福) ― 복이 넘쳐나고 인덕이 넘친다.
미천역(未天驛) ― 움직임이 크고 활동성이 매우 크다.
신천고(申天孤) ― 외롭고 인덕이 없다.
유천인(酉天刃) ― 사건, 사고가 많고 몸에 흉터가 남는다.
술천예(戌天藝) ― 예술이나 연예인적 기질이 있다.
해천수(亥天壽) ― 건강하고 장수한다.

11

각종 신살神煞

저자들의 스승 김동완 교수는 오래전부터 사주명리학 강의를 해오고 있는데 12운성과 12신살, 공망과 같은 신살(神煞)들을 철저하게 무시하고 무용론을 주장하고 있다. 강의 속에서 각종 신살들을 다루고 있지만 반드시 버려야 할 사주명리학의 이론으로 취급하고 있다. 타당성 여부의 임상 경험을 거친 결과 각종 신살들은 대다수가 타당성이 결여되어 있다. 귀에 걸면 귀걸이, 코에 걸면 코걸이처럼 억지로 때려 맞추는 거짓 학설이 된 지가 꽤 오래 되었다. 또한 이 신살론을 가지고 겁주고 협박하여 못된 짓까지 일삼게 되니 맞지도 않는 학설로 못된 짓까지 하는 이중삼중의 문제가 발생하게 되었다.

이러던 차에 유명 명리연구가 스님 한 분이 신살론의 무용론을 제기하고 있음은 매우 다행한 일이라 할 수 있지만 아직도 일반 이론이나 대다수의 사주명리학 서적에서 여전히 신살론을 매우 큰 비중으로 다루고 있다. 또한 여러 강의 속에서도 신살론의 비중을 크게 다루고 있으니 이 신살론의 피해는 상담을 하러 오는 내담자에게까지 영향을 미치게 되고 사주명리학 학문의 발전에 걸림돌이 되고 있다. 당연히 얼마 지나지 않아 신살론의 허구성이 드러나게 될 것이라 보기에 큰 걱정은 하지 않지만 새롭게 사주명리학에 입문하는 분들이라면 단순히 공부만이 아닌 현장에서 임상 실험을 하면서 학문의 타당성 여부를 하나하나씩 습득해나가길 바란다.

일반 이론에서 신살은 200여 개가 된다. 이 일반 이론에서 신살을 모두 하나하나 설명한다는 것은 책 한 권으로도 부족하고 자세한 설명을 한다면 책 서너 권은 족하게 써나가야 하기에 여기서는 일반 이론의 신살론의 설명을 과감하게 생략한다. 또한 어떤 신살은 일반 이론에서도 장점과 단점을 함께 정리해놓은 경우도 있지만 대다수 일반 이론에서 많이 적용하는 부분으로 길흉을 판단하였다. 조금은 역학연구가에 따라 이론을 달리하는 경우도 있겠지만 크게 다르지 않다고 보기에 각종 신살을 길(吉)과 흉(凶)으로 분류해보았다. 시중에 나와 있는 대다수의 신살들을 길한 신살과 흉한 신살로 분류해보았더니 길한 신살은 50여 개가 안 되고 흉한 신살은 150여 개 정도였다. 흉한 신살이 길한 신살에 비해 세 배가 많다는 것이다.

인류의 역사는 끊임없이 발전해왔다. 그동안 수명과 문명, 과학이 발전해왔다고 본다면 사주팔자에도 흉한 것보다는 길한 것이 세 배는 많아야 할 것이다. 만약 일반 이론의 신살론처럼 길보다 흉이 많다면 인류 역사는 이미 종말을 고해야 했을 것이다. 그렇다면 왜 이렇게 나쁜 의미의 흉한 신살들이 판쳤을까? 역학이란 고귀한 학문을 굿과 부적을 활용한 돈벌이 수단으로 사용하고자 했기 때문이다. 자신의 인생을 상담하고 조언 받고자 온 분들에게 오히려 나쁜 신살들을 이용하여 겁주고 협박하여 굿이나 부적을 강제하는 수단으로 사용하였기 때문에 세월이 흘러갈수록 사이비 역술가들 손에 나쁜 신살들은 하나씩 하나씩 늘어나기 시작하여 지금은 150여 개의 나쁜 신살이 존재하게 되었던 것이다. 이제는 좋은 신살이든 나쁜 신살이든 모두 사주명리학의 역사에서 사라져야 할 것이다. 다만 도화, 역마, 명예, 현침, 천문, 귀문관살, 양인, 괴강, 백호, 탕화 등은 장점과 단점을 함께 하고 있고 사주 상담의 일부분으로 사용할 수 있다고 보기에 기억해두길 바란다.

• 12신살 길흉 분류(일반 이론)

긍정적(희망적) 12신살	부정적 12신살
장성살(將星煞) 반안살(攀鞍煞)	겁살(劫煞) 재살(災煞) 천살(天煞) 지살(地煞) 연살(年煞) 월살(月煞) 망신살(亡身煞) 역마살(驛馬煞) 육해살(六害煞) 화개살(華蓋煞)

• 12운성, 포태법, 절태법 길흉 분류(일반 이론)

긍정적 12운성	부정적 12운성
생(生) 대(帶) 관(官) 왕(旺)	포(胞) 태(胎) 양(養) 욕(浴) 쇠(衰) 병(病) 사(死) 묘(墓)

일반 이론으로 본 제 신살론 도표

지지 地支	子	丑	寅	卯	辰	巳	午	未	申	酉	戌	亥
子		지합		형	삼합		충	원진해	삼합	파		
丑	지합				파	삼합	원진해	형충		삼합	형	
寅						형해	삼합		형충	원진	삼합	지합파
卯	형				해		파	삼합	원진	충	지합	삼합
辰	삼합	파		해	형				삼합	지합	충	원진
巳		삼합	형해						합파	삼합	원진	충
午	충	원진해	삼합	파			형	지합			삼합	
未	원진해	형충		삼합			지합				형파	삼합
申	삼합		형충	원진		지합파						해
酉	파	삼합	원진	충						형파	해	
戌		형	삼합	지합	충	원진	삼합	파		해		
亥			형파	삼합	원진	형		삼합	해			형

• 신살 길흉 도표(일반 이론)

좋은 작용을 하는 긍정적인 신살	나쁜 작용을 하는 부정적인 신살
1. 천간합(天干合)	1. 천간충(天干沖)
2. 지지합(地支合)	2. 지지충(地支沖)
3. 삼합(三合)	3. 형(刑)
4. 방합(方合)	4. 파(破)
5. 천을귀인(天乙貴人)	5. 해(害)
6. 천덕귀인(天德貴人)	6. 원진(怨嗔)
7. 월덕귀인(月德貴人)	7. 공망(空亡)
8. 복덕수기(福德秀氣)	8. 양인(羊刃)
9. 삼기(三奇)	9. 비인(飛刃)
10. 건록(建祿), 정록(正祿), 천록(天祿)	10. 장성살(將星煞)-여자의 경우
11. 암록(暗祿)	11. 화개살(華蓋煞)
12. 금여성(金與星)	12. 역마살(驛馬煞)
13. 문창귀인(文昌貴人), 문창성(文昌星)	13. 지살(地煞)
14. 학당귀인(學堂貴人), 학당성(學堂星)	14. 육해살(六害煞)
15. 장성살(將星煞)	15. 망신살(亡身煞·亡神煞)
16. 육수(六秀)	16. 겁살(劫煞)
17. 천혁(天赫)	17. 재살(災煞)
18. 복성귀인(福星貴人)	18. 천살(天煞)
19. 일록(日祿)	19. 도화살(桃花煞), 함지살(咸池煞),
20. 일덕(日德)	목욕살(沐浴煞), 패신(敗神)
21. 태극귀인(太極貴人)	20. 고신살(孤辰煞)
22. 천의성(天醫星)	21. 과숙살(寡宿煞)
23. 황은대사일(皇恩大赦日)	22. 괴강살(魁罡煞)
24. 천문성(天門星)	23. 백호살(白虎煞), 백호대살(白虎大煞)
25. 녹마동향(祿馬同鄕)	24. 평두살(平頭煞)
26. 천주귀인(天廚貴人)	25. 음차살(音差煞)
27. 천관귀인(天官貴人)	26. 양착살(陽錯煞)
28. 천복귀인(天福貴人)	27. 홍염살(紅艶煞)
29. 협록(夾祿)	28. 음욕살(淫浴煞)

30. 복신(福神)	29. 고란살(孤鸞煞)
31. 관귀(官貴)	30. 단교살(斷橋煞)
32. 팔전(八專)	31. 혈인살(血刃煞)
33. 진신(進神)	32. 삼구살(三丘煞)
34. 정인(正印)	33. 오묘살(五墓煞)
35. 녹고(祿庫)	34. 상문살(喪門煞)
36. 희신(喜神)	35. 조객살(弔客煞)
37. 덕합(德合)	36. 귀문관살(鬼門關煞)
38. 복성(福星)	37. 배곡살(背曲煞)
39. 문곡귀인(文曲貴人)	38. 환과살(鰥寡煞)
40. 홍란성(紅鸞星)	39. 유하살(流霞煞)
41. 반안살(攀鞍煞)	40. 익수살(溺水煞)
	41. 뇌공살(雷公煞)
	42. 침수살(沈水煞)
	43. 오귀살(五鬼煞)
	44. 관재살(官災煞)
	45. 절방살(絶房煞)
	46. 재혼살(再婚煞)
	47. 중혼살(重婚煞)
	48. 구문살(句紋煞)
	49. 권설살(劵舌煞)
	50. 복음살(伏吟煞)
	51. 반음살(反吟煞)
	52. 낭자살(狼藉煞)
	53. 천소성(天掃星)
	54. 철소추(鐵掃帚)
	55. 골파쇄(骨破碎)
	56. 결항살(結項煞)
	57. 대패살(大敗煞)
	58. 팔패살(八敗煞)
	59. 탄함살(呑陷煞)

	60. 지소성(地掃星)
	61. 다액살(多厄煞)
	62. 신음살(呻吟煞)
	63. 뇌공살(雷公煞)
	64. 탕화살(湯火煞)
	65. 태백성(太白星)
	66. 천라지망살(天羅地網煞)
	67. 급각살(急刻煞)
	68. 삼재살(三災煞),삼재팔난살(三災八難煞)
	69. 공망살(空亡煞)
	70. 고장살(庫葬煞・庫藏煞)
	71. 현침살(顯針煞)
	72. 음양살(陰陽煞)
	73. 곡각살(曲脚煞)
	74. 효신살(梟神煞)
	75. 혈지살(血支煞)
	76. 금쇄살(金鎖煞)
	77. 관자살(關字煞)
	78. 마고살(馬庫煞)
	79. 교신(交神)
	80. 퇴신(退神)
	81. 복신(伏神)
	82. 파록(破祿)
	83. 구추(九醜)
	84. 대패살(大敗煞)
	85. 녹형살(祿刑煞)
	86. 상형살(相形煞)
	87. 복마살(伏馬煞)
	88. 파자살(破字煞)
	89. 봉장살(棒杖煞)
	90. 장형살(杖刑煞)

91. 농아살(聾啞煞)

92. 단요살(短夭煞)

93. 단명관살(短命關煞)

94. 천구관살(天狗關煞)

95. 천조관살(天弔關煞)

96. 당명관살(撞命關煞)

97. 매아관살(埋兒關煞)

98. 사주관살(四柱關煞)

99. 사계관살(四季關煞)

100. 야체관살(夜啼關煞)

101. 수혈관살(水穴關煞)

102. 백처관살(白處關煞)

103. 장군관살(將軍關煞)

104. 급각관살(急脚關煞)

105. 단교관살(斷橋關煞)

106. 무살관살(無煞關煞)

107. 욕분관살(浴盆關煞)

108. 수화관살(水火關煞)

109. 심목관살(沈木關煞)

110. 금쇄관살(金鎖關煞)

111. 뇌공관살(腦公關煞)

112. 계비관살(鷄飛關煞)

113. 낙정관살(落井關煞)

114. 천일관살(千日關煞)

115. 뇌공관살(腦公關煞)

116. 취명관살(取命關煞)

117. 백호철사관살(白虎鐵蛇關煞)

118. 수옥살(囚獄煞)

119. 천전살(天轉煞)

120. 지전살(地轉煞)

121. 부벽살(斧劈煞)

	122. 생이별살(生離別煞)
	123. 화상관살(和尙關煞)
	124. 관색살(貫索煞)
	125. 병부살(病符煞)
	126. 관부살(官府煞)
	127. 사부살(死符煞)
	128. 비부살(飛符煞)
	129. 자애살(自隘煞)
	130. 절방살(絶房煞)
	131. 재가살(再嫁煞)
	132. 천도살(天屠煞)
	133. 택묘살(宅墓煞)
	134. 폭패살(暴敗煞)
	135. 피두살(披頭煞)
	136. 혈인살(血刃煞)
	137. 다액살(多厄煞)
	138. 시약살(時鑰煞)
	139. 격신살(隔神煞)
	140. 경살(景煞)
	141. 곡살(哭煞)
	142. 곡성(哭聲)
	143. 뇌정관살(雷霆關煞)
	144. 뇌화살(雷火煞)
	145. 부결살(負結煞)
	146. 벽력살(霹靂煞)
	147. 상상살(上喪煞)
	148. 소살(小煞)
	149. 안맹살(眼盲煞)
	150. 외해살(外解煞)
	151. 월간살(月奸煞)
	152. 월귀살(月鬼煞)

	153. 음간살(陰奸煞)
	154. 천귀살(天鬼煞)
	155. 천기살(天忌煞)
	156. 천서살(天鼠煞)
	157. 천상살(天喪煞)
	158. 천월살(天月煞)
	159. 천저살(天猪煞)
	160. 천화살(天禍煞)
	161. 자암성(紫暗星)
	162. 극해공망(克害空亡)
	163. 파조공망(破祖空亡)
	164. 뇌공타뇌(雷公打腦)

2

살(煞)·성(星)·귀인(貴人)
용어사전

간학일(干學日)

생년납음	木性	火性	土性	金性	水性
간학일	己亥	丙寅	戊申	辛巳	甲申

학문과 기능을 좋아하고 학문과 기술에 빼어난 재능을 가진 총명한 사람이다.

강성살(剛星煞)

경진(庚辰), 임진(壬辰), 임술(壬戌)일 생.

이 사람은 남과 싸우면 입으로 싸우는 것이 아니라 먼저 주먹으로 때리고 싸워야 직성이 풀리는 사람인데 단, 합이나 공망이 되면 그 작용을 못한다.

거관유살(去官留煞)

정관(正官)은 합으로 제거되고 편관(偏官)은 머물러 있음을 이르는 말. 정관 편관이 많은 사주인 관살혼잡(官煞混雜)이 부담이라는 의미도 포함하는데, 그 중의 하나를 제거해서 맑아졌다는 의미이다.

건각살(蹇脚煞)

월지	寅	卯	辰	巳	午	未	申	酉	戌	子	丑	亥
건각살	寅	卯	申	丑	戌	酉	辰	巳	午	未	亥	子

사주에 이 살이 있으면 소아마비를 앓거나 나무에서 떨어져 다리가 불구가 되기 쉬우며, 다리를 절거나 절단 또는 신경통을 앓거나 이상이 있다. 구조는 1월생이 인(寅)이 있거나, 2월생이 묘(卯)가 있거나, 3월생이 진(辰)이 있을 경우이다. 간단히 말하면 월지(月支)와 같은 글자가 다른 곳에 있으면 해당된다고 하는데 타당성은 부족하다.

건록(建祿)

일간	甲	乙	丙	丁	戊	己	庚	辛	壬	癸
건록	寅	卯	巳	午	巳	午	未	酉	亥	子

건록(健祿), 혹은 정록(正祿)이라고도 하며, 관록(官祿)이 높아지고 풍부함을 말한다.

검봉살(劍鋒煞)

연, 월지	子	丑	寅	卯	辰	巳	午	未	申	酉	戌	亥
검봉	戊子	己丑	甲寅	乙卯	戊辰	丁巳	丙午	己未	庚申	辛酉	戊戌	癸亥
	子丑	丑戌	寅甲	卯乙	辰巳	巳丙	午丁	未巳	申庚	酉辛	戌戊	亥壬

이 살이 있으면 총이나 칼로 다치는 살이라고 한다. 구조는 갑자순(甲子旬)에서 진(辰)이 검

이고 술(戌)이 봉이다. 갑오순(甲午旬)에서는 술(戌)이 검이고 진(辰)이 봉이며, 갑신순(甲申旬)에서는 신오(申午)가 검봉이고, 갑인순(甲寅旬)에서는 오신(午申)이 검봉이다. 갑술순(甲戌旬)에서는 인자(寅子)가 검봉이고, 갑진순(甲辰旬)에서는 자인(子寅)이 검봉이다.

겁살(刧煞)

이 살이 있으면 큰 재난을 당한다는 살이다. 구조는 일지(日支)나 연지(年支)가 삼합(三合)이 되는 끝 글자 다음에 오는 글자에 해당한다. 예를 들어 일지(日支)에 축(丑)이 있을 경우에 삼합은 사유축(巳酉丑)이 되고, 끝자 축(丑)의 다음 글자는 인(寅)이 되므로 인이 겁살에 해당한다.

격각살(隔角煞)

연, 월지	子	丑	寅	卯	辰	巳	午	未	申	酉	戌	亥
격각살	寅	卯	辰	巳	午	未	申	酉	戌	亥	子	丑

월지	寅卯辰	巳午未	申酉戌	亥子丑
격각살	辰巳	未申	戌亥	丑寅

이 살이 있으면 부모형제를 떠나서 객지를 떠돈다. 고독이 많고 육친의 덕이 없고 성격이 삐뚤어진 사람이 많다. 사람에 따라선 감옥에 갇히는 수도 있다. 구조는 일지(日支)에 시지(時支)를 대입하는데, 자일(子日) – 인시(寅時), 축일(丑日) – 묘시(卯時), 인일(寅日) – 진시(辰時), 묘일(卯日) – 사시(巳時), 진일(辰日) – 오시(午時), 사일(巳日) – 미시(未時), 오일(午日) – 신시(申時), 미일(未日) – 유시(酉時), 신일(申日) – 술시(戌

時), 유일(酉日) – 해시(亥時), 술일(戌日) – 자시(子時), 해일(亥日) – 축시(丑時) 등이
해당된다.

결항살(結項煞)

연, 월지	申子辰	巳酉丑	寅午戌	亥卯未
결항살	壬子時	辛酉時	庚午時	乙卯時

심신이 괴롭고 힘든 처지에 놓였을 때 순간적인 오판으로 목을 매어 죽는 살이다. 혹
은 아파트에 뛰어내려 목이 부러지거나 목을 매는 자살 행위를 한다.

계비관살(鷄飛關煞)

일간	甲	乙	丙	丁	戊	己	庚	辛	壬	癸
계비관살	巳酉丑	子	子	子	子	巳酉丑	亥卯未	寅午戌	寅午戌	寅午戌

사람이나 동물의 살생을 보면 살이 침입하여 앓다가 죽기 쉬우므로 살생을 하지도 말
고 보지도 말라는 살이다.

고과살(孤寡煞)

고신살(孤神煞)과 과숙살(寡宿煞)을 통칭하는 신살 용어이다. 배우자와 생사이별하고
홀로 된다는 살이다.

고란과곡살(孤鸞寡鵠煞)

이 살이 있으면 남자는 상처(喪妻)하고 여자는 상부(喪夫)한다. 구조는 일주(日柱)에 해당하는데, 을사(乙巳), 정사(丁巳), 신해(辛亥), 무신(戊申), 갑인(甲寅) 등이 해당한다고 한다.

고란과숙살(孤鸞寡宿煞)

고란살(孤鸞煞)과 과숙살(寡宿煞)을 통칭하는 신살이다.

고란살(孤鸞煞)

갑인(甲寅), 을사(乙巳), 병오(丙午), 정사(丁巳), 무신(戊申), 무오(戊午), 기유(己酉), 신해(辛亥), 임자(壬子) 생.

일생 외롭게 산다는 의미이지만, 작용은 비중이 없는 것으로 본다. 과곡살(寡鵠煞) 또는 신음살(呻吟煞)이라고도 하며 자식을 이남매나 삼남매 낳은 뒤에 상부(喪夫)하게 되는 흉살이다. 부부궁은 원만치 못하여 생사이별하거나 부군이 무능력하여 부득이 자신이 생활전선에 뛰어야 되며, 고집이 세고 자기 주장을 내세우며 특히 신해일, 기유일생 여자는 자식을 낳은 후부터 남편운이 패망에 들게 된다. 대체로 초년 부부의 경우에는 생사이별하고 이삼차 재가하여 보아도 남편덕은 별로 없다. 차라리 신세타령하면서 홀로 고생스럽게 사는 게 마음 편할지 모르겠다.

고신과숙살(孤身寡宿煞)

고신과숙은 남녀간에 부부 이별살 또는 부부 사별살로서 부부운이 불길한 살이다. 남자의 사주에 고신이 있으면 아내를 잃고 여자의 사주에 과숙이 있으면 남편을 잃는다.

※ 화개살과 과숙이 같이 있으면 독신주의자 또는 늙은이로 혼자 사는 경우가 많다. 스님, 예술가 등이 된다고 한다(현대에는 적용하기 어렵다).

연지	亥	子	丑	寅	卯	辰	巳	午	未	申	酉	戌
고신		寅			巳			申			亥	
과숙		戌			丑			辰			未	

고신살(孤神煞)

월지	寅卯辰	巳午未	申酉戌	亥子丑
고신살	巳	神	亥	寅

고독살, 홀아비살이라고 한다. 동부서주하고 부부 생이별하거나 아내를 잃는다. 화개가 있으면 고독하며, 중이 될 사주이다. 구조는 연지(年支) 위주로 보아 인묘진(寅卯辰) − 사(巳), 사오미(巳午未) − 신(申), 신유술(申酉戌) − 해(亥), 해자축(亥子丑) − 인(寅)이다.

고장살(庫葬煞)

연지	寅午戌	巳酉丑	申子辰	亥卯未
날삼재	戌	丑	辰	未

이 살은 일주를 위주로 보게 되니 고장살이란 것은 화개살을 말하는 것인데 이 살은 부부궁에 파멸을 주는 살로서 상부(喪夫), 상처(喪妻) 및 이별하거나 부부간에 풍파를 부르는 이별 살이다.

고진(孤辰)

연지	子	丑	寅	卯	辰	巳	午	未	申	酉	戌	亥
고진	寅	寅	巳	巳	巳	申	申	申	亥	亥	亥	寅

부부 이별살로 부부운이 부실한 살이다.

고초살(枯焦煞)

월살(月煞)이라고도 하며, 고통이 많은 삶을 산다는 살이다. 구조는 일지(日支)나 연지(年支)가 삼합하는 글자의 끝자를 충(沖)하는 글자에 해당한다.

고허살(孤虛煞)

외롭고 허망한 살로 이 살이 있으면 남녀를 불문하고 씀씀이가 과도하고 허랑방탕(虛浪放蕩)하여 재물을 모을 수 없고 부부 인연도 가벼이 여겨 백년해로하기 어렵다. 구조는 공망(空亡)과 충(沖)이 되는 글자이다. 일주(日主)를 중심으로 갑자순(甲子旬) − 진사(辰巳), 갑술순(甲戌旬) − 인묘(寅卯), 갑신순(甲申旬) − 자축(子丑), 갑오순(甲午旬) − 술해(戌亥), 갑진순(甲辰旬) − 신유(申酉), 갑인순(甲寅旬) − 오미(午未) 등이 해당한다.

곡각살(曲脚煞)

구조는 기(己), 을(乙), 사(巳), 축(丑)에 해당하는데, 사주에 이러한 살이 있으면 수족에 상처나 장애가 있다고 한다.

곡배살(曲背煞)

연, 월지	子午	丑未	寅申	卯酉	辰戌	巳亥
곡배살	卯酉時	辰戌時	巳亥時	子午時	丑未時	寅申時

척추를 다쳐 수술을 받거나 허리를 앓게 되거나 꼽추가 되는 살이라고 한다.

골파쇄(骨破碎)

연, 일지		子	丑	寅	卯	辰	巳	午	未	申	酉	戌	亥
골파쇄	남	2月	3月	10月	5月	12月	1月	8月	9月	4月	11月	6月	7月
	여	6月	4月	3月	1月	6月	4月	3月	1月	6月	4月	3月	1月

뼈가 파괴되어 가루가 되거나, 그에 준하는 고통의 삶을 살아간다는 살이다.

연	子	丑	寅	卯	辰	巳	午	未	申	酉	戌	亥
월	卯	辰	亥	午	丑	寅	酉	戌	巳	子	卯	申

남자는 결혼 후에 처가가 쇠망하고, 여자는 시가가 몰락·패망하게 되는 흉살이다. 또 뼈가 부서져 가루가 되는 살. 남자는 처가가 망하고, 여자는 시집이 망한다. 구

조는 자년(子年) – 남자는 2월, 여자는 6월생. 축년(丑年) – 남자는 3월생, 여자는 4월생, 인년(寅年) – 남자는 10월생, 여자는 3월생. 묘년(卯年) – 남자는 5월생, 여자는 1월생. 진년(辰年) – 남자는 12월생, 여자는 6월생. 사년(巳年) – 남자는 1월생, 여자는 4월생. 오년(午年) – 남자는 8월생, 여자는 3월생. 미년(未年) – 남자는 9월생, 여자는 1월생. 신년(申年) – 남자는 4월생, 여자는 6월생. 유년(酉年) – 남자는 11월생, 여자는 4월생. 술년(戌年) – 남자는 6월생, 여자는 3월생. 해년(亥年) – 남자는 7월생, 여자는 1월생에 해당한다. 연지(年支), 즉, 띠를 기준으로 생월을 보는 것이다.

공망(空亡)

갑자(甲子)에서 계유(癸酉)까지는 술해(戌亥)가 공망이요,

갑술(甲戌)에서 계미(癸未)까지는 신유(申酉)가 공망이요,

갑신(甲申)에서 계사(癸巳)까지는 오미(午未)가 공망이요,

갑오(甲午)에서 계묘(癸卯)까지는 진사(辰巳)가 공망이요,

갑진(甲辰)에서 계축(癸丑)까지는 인묘(寅卯)가 공망이요,

갑인(甲寅)에서 계해(癸亥)까지는 자축(子丑)이 공망이다.

과분살(過分煞)

일지	子	丑	寅	卯	辰	巳	午	未	申	酉	戌	亥
과분살	辰申	巳酉	午戌	未亥	申子	酉丑	戌寅	亥卯	子辰	丑巳	寅午	卯未

가족 중에 과분살에 해당되는 자는 가출하거나 방탕자이거나, 기타 큰 문제성이 있는 사람이다. 과분살이란 분수를 넘어서 궤도를 이탈하거나 추월한다는 뜻이다.

과살(戈煞)

무술(戊戌).

몸에 중상을 입을 우려가 많은데, 연월일시 어디에 있어도 작용하나 특히 일(日)과 시(時)에 있는 것을 더 꺼리며 몸에 큰 흉터가 있다.

과숙살(寡宿煞)

남자의 사주에 고신이 있으면 처를 상하고 여자의 사주에 과숙이 있으면 과부가 된다.

※ 화개살과 과숙이 같이 있으면 독신주의자 또는 늙은이로 혼자 사는 경우가 많다. 스님, 예술가 등이 된다고 하는데 현대에는 적용하기 어렵다.

연지	亥	子	丑	寅	卯	辰	巳	午	未	申	酉	戌
고신		寅			巳			申			亥	
과숙		戌			丑			辰			未	

관귀학관(官貴學館)

일간	甲乙	丙丁	戊己	庚辛	壬癸
지지	巳	申	亥	寅	寅

관귀학관은 일주를 기준으로 관성의 장생궁이 되고 있어 승진이 빠르다는 길성이다. 또한 많은 사람의 선망의 대상이 되며, 학문이 뛰어나 교육자가 되는 수가 많다. 그러나 실은 신왕관왕에 운이 좋아야만 승진이 빠르게 되므로 관성을 사용하여 해석하는 것이 더욱 중요하겠다.

관부살(官符煞)

연, 월지	子	丑	寅	卯	辰	巳	午	未	申	酉	戌	亥
관부살	辰	巳	午	未	申	酉	戌	亥	子	丑	寅	卯

양인살과 같이 있으면 형벌을 받고 인덕이 없으며 고독, 빈곤, 관재, 구설이 생기는 살이다.

관살(官煞)

정관(正官)이나 편관(偏官)이 용신이 된 경우에 해당하는 이름. 또는 관살(官煞)이 함께 용신이 된 경우에도 해당한다.

관성(官星)

정관(正官)을 이르는 말. 현대에서는 정관(正官)과 편관(偏官)을 관성이라 부른다. 다만 기본적으로는 정관을 말한다.

관자(關字)

일진(日辰) : 기사(己巳), 정사(丁巳), 기묘(己卯), 을묘(己丑), 기해(己亥), 기유(己酉), 기미(己未), 신축(辛丑), 계축(癸丑).

관자는 편관과 편재의 합칭으로서 지출과 질병을 초래하는 신살이다. 그러니 여기서는 일진만으로 관자성이라 하여 이 날의 출생자는 부부금슬에 애로가 많으며 인생을 살아가는 데에 크나큰 장애물이 연발하고 인생 행로가 막힘이 많으며 갖가지의 장애가 일어난다고 볼 수 있는 살성의 신살이다.

관재(官災)

연	子	丑	寅	卯	辰	巳	午	未	申	酉	戌	亥
일	卯辰	辰巳	巳午	午未	未申	申酉	酉戌	戌亥	亥子	子丑	丑寅	寅卯

고의건 고의가 아니건 관재수가 따른다.

한번일지라도 크게 당하여 옥살이가 가능하며 송사에 휘말린다는 신살이다.

관형살(官刑煞)

연, 월지	子	丑	寅	卯	辰	巳	午	未	申	酉	戌	亥
관형살	卯	戌	巳	子	午	丑	寅	酉	未	亥	辰	申

관형을 살게 되는 흉살을 말한다.

괘검살(掛劍煞)

백호살, 관부살, 원진살, 금신 등이 있고 형, 충, 파, 해가 많으면 흉포하여 살인을 하지 않으면 피살 당하는 살. 사유축(巳酉丑)이 금국(金局)을 이루고 신(申)이 있으면 해당한다.

괴강살(魁罡煞)

경진(庚辰), 경술(庚戌), 임진(壬辰), 임술(壬戌), 무진(戊辰), 무술(戊戌).

모든 신살 중에서 극에서 극단으로 작용하며 모든 사람을 제압하는 강렬한 살이며, 연월일시 네 기둥 어디에 있어도 해당되나 일주를 중시한다.

길하면 대부, 대귀, 엄격, 총명하여 권세, 권력직으로 출세하여 남자는 약사, 의사, 군인, 경찰, 검찰, 정객, 열사가 많고 여자는 활동 여성, 여장부가 많으나 호명(好名)이 없다. 그리고 흉하면 횡포, 살생, 극빈, 재앙이 강렬하게 작용한다.

괴강살이 합되면 작용력이 약하다. 또 형, 충 되면 재앙이 백 가지로 일어나고 일생이 빈한하다. 경진일이나 경술일생이 관살이 있거나, 임진일이나 무술일생이 재성이 있으면 극빈하기 쉽다. 일위의 괴강이 형, 충 되고 재관이 특출한 자는 재앙이 많다.

교록(交祿)

甲申日逢庚寅	乙酉日逢辛卯	庚寅日逢甲申	辛卯日逢乙酉
丙戌子逢癸巳	丁己亥逢壬午	癸巳日逢丙戌子	壬午日逢丁己亥

교록은 자기의 건록을 서로가 바꾸어놓고 있음을 말한다. 즉, 건록은 식록이요 본인의 몫인데 나의 건록은 남이, 남의 건록은 내가 가지고 있다는 것이다. 이 교록이 있는 자는 무역, 상업, 교역, 물물 교환 등의 직업이 좋다.

구성 자체를 다시 한번 살펴보면 갑신일생이 경인을 주 중에서 만나면 갑의 건록은 경금이, 건록은 갑목이 차지하고 또 그 을유일생이 신묘를 만나면 을목의 건록은 신금이 신금의 건록은 을목이 차지하고 있어 교록이 성립된다. 그러나 알고 보면 이들은 갑경·인신·을신·묘유로 각각 천충·자충이 되어 철저하게 파괴되고 있다. 다만 나머지만 교록의 작용이 되니 착오가 없기를 바란다.

교록성(交祿星)

갑신생(甲申生)은 경인일(庚寅日), 경인생(庚寅生)은 갑신일(甲申日).
병자생(丙子生)은 계사일(癸巳日), 계사생(癸巳生)은 병자일(丙子日).
무자생(戊子生)은 계사일(癸巳日), 계사생(癸巳生)은 무자일(戊子日).
신묘생(辛卯生)은 을유일(乙酉日), 을유생(乙酉生)은 신묘일(辛卯日).
임오생(壬午生)은 정해일(丁亥日), 정해생(丁亥生)은 임오일(壬午日).
임오생(壬午生)은 기해일(己亥日), 기해생(己亥生)은 임오일(壬午日).

이 별은 대인관계에서 사교술로 한몫을 하게 되는데 그 재주가 비범하고 능수능란하여 재주꾼으로 통한다. 매년 세운에서도 교록성년이 되면 매매의 운이 좋아 이득이 많다. 그러나 여자는 불운하여 이별수가 있다(신살 이론 중 대다수가 여자에게 불리하게 설명하고 있지만 타당성은 부족하다).

교신(交信)

병자(丙子), 병오(丙午), 신묘(辛卯), 신유(辛酉)일 생.
무슨 일이든지 다른 사람과 같이하지 못한다는 성좌로, 친구가 적고 세상사나 환경이 마음에 들지 않고 자신의 마음과 같지 않다. 생각은 깊으나 자존심과 이기심이 있어 남이 하는 일이 마음에 들지 않아 같이 못하게 된다.

교신살(絞神煞)

연, 월지	子	丑	寅	卯	辰	巳	午	未	申	酉	戌	亥
교신살	酉	戌	亥	子	丑	寅	卯	辰	巳	午	未	申

가정이 불화하고 세운(연운) 교신살은 본인이나 육친, 부모, 형제, 부부, 자녀 중에 재액을 당하면 구신살과 작용은 비슷하다.

구교(句絞)

사주에 있으면 목을 크게 다치거나 손재수나 재앙이 있는 살. 구조는 자년(子年) － 묘(卯), 축년(丑年) － 진(辰), 인년(寅年) － 사(巳), 묘년(卯年) － 오(午), 진년(辰年) － 미(未), 사년(巳年) － 신(申), 오년(午年) － 유(酉), 미년(未年) － 술(戌), 신년(申年) － 해(亥), 해년(亥年) － 인(寅) 등이 해당한다. 띠에서 지지(地支)로 대입한다.

구문살(句紋煞)

연	子	丑	寅	卯	辰	巳	午	未	申	酉	戌	亥
월일시	卯	辰	巳	午	未	申	酉	丑	亥	子	丑	寅

세운(歲運)에서 이 살을 형, 충하면 그 해에 크게 몸을 다친다는 살.
손재수도 당한다.

구신살(句神煞)

연, 월지	子	丑	寅	卯	辰	巳	午	未	申	酉	戌	亥
구신살	卯	辰	巳	午	未	申	酉	戌	亥	子	丑	寅

연(年), 일(日)에서 상충이나 삼형이 되면 부부 생이별, 정부 문제가 일어나 가정이 파탄나기 쉽고 구신에 삼형살이 더해지면 재혼하게 된다. 교신살과 작용은 비슷하다.

구초(九醜)

남자는 인물이 추하고 횡사하기 쉬우며, 여자는 출산 중 어려움이 있고 음란한 살. 방해살(妨害煞)이라고 한다. 구조는 간지를 보는데, 무자(戊子), 무오(戊午), 기유(己酉), 기묘(己卯), 을유(乙酉), 을묘(乙卯), 신유(辛酉), 신묘(辛卯) 등이 해당한다.

구추(九醜)

무자(戊子), 무오(戊午), 임자(壬子), 임오(壬午), 정사(丁巳), 정묘(丁卯), 기유(己酉), 기묘(己卯), 신유(辛酉), 신묘(辛卯)일 생.

구추는 주색에 빠져 가사를 망각하고 아무 데서나 추행을 범하여 형벌을 받게 된다는 흉신이다.

국인(國印)

일간	甲	乙	丙	丁	戊	己	庚	辛	壬	癸
국인	戌	亥	丑	寅	丑	寅	辰	巳	未	申

천덕(天德), 월덕(月德)과 같은 효과가 있으며 공무원, 국가가 인정하는 사람이 많아 권리를 의미한다.

권설(券舌)·권설살(卷舌煞)

출생년	子	丑	寅	卯	辰	巳	午	未	申	酉	戌	亥
출생일	酉	戌	亥	子	丑	寅	卯	辰	巳	午	未	申

이 살이 있으면 재산 풍파가 많고 걱정하는 일이 많다.

귀문관(鬼門關)

잡귀가 씌어 질병을 앓기 쉬운 살. 이 살이 사주에 있으면 사당이나 공동묘지, 또는 멀리 가는 것도 피해야 한다고 한다. 구조는 자년(子年)−유(酉), 축년(丑年)−오(午), 인년(寅年)−미(未), 묘년(卯年)−유(酉), 진년(辰年)−해(亥), 사년(巳年)−술(戌), 오년(午年)−축(丑), 미년(未年)−인(寅), 신년(申年)−묘(卯), 유년(酉年)−자(子), 술년(戌年)−사(巳), 해년(亥年)−진(辰) 등이 해당한다. 띠에 지지(地支)로 대입한다. 신경이 예민하고 감각과 감수성이 예민하여 예술성, 문학성이 발달되어 있고 사람을 분석하는 능력이 뛰어나 상담가, 심리학자, 역학자, 정신과 의사에 어울린다.

귀문관살(鬼門關煞)

연, 월지	子	丑	寅	卯	辰	巳	午	未	申	酉	戌	亥
귀문관살	酉	午	未	申	亥	戌	丑	寅	卯	子	巳	辰

이 살은 정신이상, 신경쇠약 등에 걸린다는 살로 흉살 중의 흉살이다. 특히 일과 시에 있으면 그 부부는 변태성 질환이 있어 발작하기 쉬우며 남자는 의처증이 있고 여자는 의부증이 있게 된다.

유년에 귀문관살을 만나면 각종 신경 계통 질환, 불면증, 쇠에 부딪힌 듯한 띵함, 신경쇠약, 노이로제 등에 주의를 요한다.

※ 여자의 사주에 남편이 되는 관에 이 살이 있으면 그의 남편은 신경성이라고 한다. 그러나 현대에는 신경이 예민하고 감각과 감수성이 예민하여 예술성, 문학성이 있고 사람을 분석하는 능력이 뛰어나 상담가, 심리학자, 역학자, 정신과 의사에 어울린다.

귀한일(鬼限日)

생년납음	木性	火性	土性	金性	水性
귀한일	乙卯	丁丑	己亥	庚午	癸酉

안면에 주름살과 백발이 많아 용모와 자태가 연령 이상으로 늙어보이는 것을 말한다.

금쇄(金鎖) · 금쇄관(金鎖關) · 금쇄관살(金鎖關煞)

월지	寅申	卯酉	辰戌	巳亥	子午	丑未
금쇄관살	申時	酉時	戌時	亥時	子時	丑時

단명이나 요절을 하는 살이다. 또한 자물쇠에 관련된 도둑질이나, 도둑을 잡는 사람이나 자물쇠, 보관, 감금 등을 의미하며 어려서 자물쇠, 동전, 금은, 보석 등을 가지고 놀다가 변을 당하거나 자라서 죄를 짓고 감옥에 들어가는 살이다.

금신(金神)

갑기일	乙丑時, 己巳時, 癸酉時

경금일주(庚金日主)에 계유금신(癸酉金神)이면 무기, 칼 침 등의 물건과 관련이 있고, 계일주(癸日主)에 을축금신(乙丑金神)이면 무관으로 출세하고, 양인칠살시(羊刃七煞時) 금신이면 명예, 관직으로 이름을 떨친다.

금신의 작용은, 강건, 고체, 견고, 강단, 절단, 원칙, 계획, 단계, 뭉치는 성질, 의지, 초지일관, 명민, 단단한 물질, 전깃줄, 각종 기계 및 부품, 칼, 침, 총기, 총탄, 둥근 물건 등을 의미한다.

금여록(金與祿)

일간	甲	乙	丙	丁	戊	己	庚	辛	壬	癸
금여록	辰	巳	未	申	未	申	戌	亥	丑	寅

이 살이 사주에 있으면 성격이 온화, 총명, 재치가 있다. 좋은 배우자를 만나며 두뇌 회전이 빨라 사회에 기여하거나 지위가 향상된다.

시지(時支): 일가 친척의 덕이 있다. 자손이 번창하고 성공한다.

여록은 황금가마를 뜻한다. 격이 유순하고 온화하며 재치가 있으며 항상 환한 기운이 있고 남자는 처가 덕을 보고 여자는 남자를 잘 만난다. 일주나 시주에 있는 것이 좋다. 한 명의 재간도 있다. 귀족·황족 사주에 금여살이 많았다고 한다.

금여성(金與星)

일간	甲	乙	丙	丁	戊	己	庚	辛	壬	癸
금여	辰	巳	未	申	未	申	戌	亥	丑	寅

이 살이 사주에 있으면 남녀간에 좋은 배우자를 만나 행복하게 살게 되며, 시에 있으면 평생토록 근친과 이웃으로부터 도움이 많고 덕이 많아 평안한 생활을 누리게 된다. 또한 이 사람은 성질이 온유하고 용모가 단정하며 예쁘게 생겼고 인품도 수려하며 재주도 뛰어나 많은 사람들로부터 부러움도 받게 된다.

급각관(急脚關)

다리 불구나 소아마비 또는 공사장에서 구덩이에 떨어지게 되는 살. 구조는 1·2·3월 생 − 해자(亥子), 4·5·6월생 − 묘미(卯未), 7·8·9월생 − 인술(寅戌), 10·11·12월생 −축진(丑辰) 등에 해당한다.

급각살(急脚煞)

생월 (월지)	1월·2월·3월 寅卯辰	4월·5월·6월 巳午未	7월·8월·9월 申酉戌	10월·11월·12월 亥字丑
급각살	亥 또는 子	卯 또는 未	寅 또는 戌	辰 또는 丑

골절, 수술, 신경통, 소아마비가 생기기 쉽고 이가 상하거나 빠지고 다리에 이상이 있는 살이다. 유년에 급각살이 있으면 신경통, 두통, 뼈의 질병(척추, 치아, 절골, 낙상) 등이 발생한다.

이 살을 살펴보면 정월·2월·3월생인이 주(柱) 중에서 해수(亥水)나 자수(子水), 4월·5월·6월생인이 주 중에서 인목(寅木)이나 미토(未土), 7월·8월·9월생인이 주 중에서 인목(寅木)이나 술토(戌土), 10월·11월·12월생인이 주 중에 진토(辰土)나 축토(丑土)를 만나거나 또는 운에서 만나게 되면 흉살의 작용이 발생하게 된다.

길성(吉星)

희용신(喜用神)이 되는 십성(十星)이나 길한 신살을 말한다.

ㄴ

낙정관살(落井關煞)

월간	甲己日	乙庚日	丙辛日	丁壬日	戊癸日
낙정관살	巳	子	申	戌	卯

우물에 빠져 몸을 상한다는 살인데 요즈음에는 해수욕장에서 익사 사고가 많으므로 이곳에서 주의를 요하며 남의 모사에 말려들어 함정에 빠지기도 쉬우니 주의를 요한다.

남편성(男便星)

남편이 되는 십성(十星)으로 부성(夫星)이라고 한다. 육친에서 정관(正官)이나 편관(偏官)을 말한다.

낭자살(狼藉煞)

연지	子	丑	寅	卯	辰	巳	午	未	申	酉	戌	亥
낭자살	辰月	申月	未月	未月	卯月	卯月	未月	子月	申月	申月	子月	子月

매사에 방해자가 생기고 몸을 다칠 우려가 있다.

녹고(祿庫)

일진(日辰) : 병진(丙辰), 정사(丁巳), 무진(戊辰), 기사(己巳).
녹고는 형충파해(刑沖破害)해야만 길복이 있다.

녹마(祿馬)

일진(日辰) : 경신(庚申).
녹마는 정관(正官), 정재(正財)와 유사하여 생활의 자원이 되는 금전, 재물, 재화의 신
이다. 길성(吉星)을 말한다.

녹마동향(祿馬同鄕)

일진(日辰) : 임오(壬午), 계사(癸巳).
정관(正官)과 재성(財星)이 동일 지지 중에 암장되어 있는 것을 말하는데 명예와 재물
복이 같이 있는 것을 상징한다.

녹형(祿刑)

일진(日辰) : 병인(丙寅).
녹형은 양인(羊刃)과 비슷한 살로서 일간을 강하게 하는 작용이 있고 명조(命造)가 실
하면 길하고 약하면 흉하다.

농아(聾啞)

일진(日辰): 을유(乙酉), 병인(丙寅), 병자(丙子), 병술(丙戌), 병신(丙申), 병진(丙辰), 정유(丁酉), 무인(戊寅), 기유(己酉), 경인(庚寅), 임신(壬申), 임오(壬午), 임진(壬辰), 임인(壬寅), 임자(壬子), 임술(壬戌), 계유(癸酉).

농아살은 벙어리나 말더듬, 말에 장애를 주는 흉신이다.

농아살(聾啞煞)

연, 일지	申子辰生	巳酉丑生	亥卯未生	寅午戌生
농아살	酉時	午時	子時	卯時

이 신살에 해당되는 때에 출생하면 귀가 나쁘든지 심하면 귀먹고 벙어리가 되는 살이다. 부부가 농아살이면 자식이 벙어리가 태어난다.

뇌공관살(雷公關煞)

일간	甲乙	丙丁	戊己	庚申	壬癸
뇌공관살	丑午	子	戌未	寅	酉亥

벼락을 맞는 살이며, 감전 사고나 화재, 연탄가스, 도시가스 폭발, 교통사고 등으로 죽는 살이다.

뇌공살(雷公煞)

일주	甲	乙	丙	丁	戊	己	庚	辛	壬	癸
연월일시	丑	午	子	子	戌	戌	寅	寅	酉	亥

전기에 감전되거나 벼락을 맞을 수 있다.

뇌관살(腦關煞)

일간	乙, 戊	庚, 辛	壬, 癸
뇌관살	戌	寅	子酉

신체가 기형이 되기 쉬우며 뇌막염이나 소아마비를 주의해야 한다.

뇌정살(雷霆煞)

벼락·번개나 맹수의 화를 입는 살. 구조는 1·7월 — 자(子), 2·8월 — 인(寅), 3·9월 — 진(辰), 4·10월 — 오(午), 5·11월 — 신(申), 6·12월 — 술(戌)에 해당한다.

다액살(多厄煞)

생년납음오행		木	火	土	金	水
다액살	남	子, 丑月	卯, 辰月	午, 未月	酉, 戌月	卯, 辰月
	여	卯, 辰月	子, 丑月	卯, 辰月	午, 未月	酉, 戌月

질병, 손재, 관재, 구설 등에 자주 이른다. 또한 작용력은 미약하다.

단교관(斷橋關)

배를 타고 가다가 물에 빠지거나 다리에서 떨어지게 되는 살, 또는 다리가 부러지는 살을 말한다. 구조는 1월생이 인(寅)이 있거나, 2월생이 묘(卯)가 있거나, 3월생이 진(辰)이 있는 경우이다. 간단히 말하면 월지(月支)와 같은 글자가 다른 곳에 있으면 해당된다.

단교관살(斷橋關煞)

생월 월지	1월 寅	2월 卯	3월 辰	4월 巳	5월 午	6월 未	7월 申	8월 酉	9월 戌	10월 亥	11월 子	12월 丑
지지	寅	卯	申	丑	戌	酉	辰	巳	午	未	亥	子

친구, 가족, 형제 등의 인연이 없거나, 멀리 타향살이를 하면서 인연 맺은 것이 자연적으로 끊기는 살을 말한다.

다리에 지장을 초래하는 신경통, 류마티스, 관절염 등으로 고생이 심한 경우이다. 소아마비가 되거나 다리 불구가 되기 쉽다.

단명관(短命關) · 단명관살(短命關煞)

연, 월지	申子辰	巳酉丑	寅午戌	亥卯未
단명관살	巳	寅	辰	未

잔병이 많고 잘 우는 살이다. 소아 경기 주의, 유괴, 타살, 조난, 낙상의 위험이 있다. 교통사고로 단명하기 쉽고 잘 지내더라도 오십을 넘기 어렵다.

단명살(短命煞)

월지	寅	卯	辰	巳	午	未	申	酉	戌	子	丑	亥
단명살	巳	辰	卯	寅	丑	子	亥	戌	酉	申	未	午

명이 짧아 순간순간의 위기를 간신히 넘기며 사는 살이며 비명, 질병, 불구, 수술 등으로 일찍 죽는 흉살이다.

단요(短夭)

일진(日辰): 을유(乙酉), 무자(戊子), 기묘(己卯), 계미(癸未).

단요는 수명이 길지 못하고 병고에 시달리고 단명하는 살이다. 잘못하면 조난, 단명, 비명횡사하기 쉽다.

단장관(斷腸關)·단장관살(斷腸關煞)

일간	甲乙	丙丁	庚申	壬癸
단장관살	午未	辰巳	寅	丑

창자가 꼬이거나 끊기며 위험한 상태를 말한다.

당명관(撞命關)

여러 번 생명을 잃을 곤경에 처한다는 살. 구조는 자인년(子寅年) – 사(巳), 축술년(丑戌年) – 미(未), 묘년(卯年) – 자(子), 진사신년(辰巳申年) – 오(午), 오미년(午未年) – 축(丑), 유해년(酉亥年) – 해(亥)가 해당한다. 연지 기준으로 대입한다.

당명관살(撞命關煞)

연, 월지	子寅	丑戌	卯	辰巳申	午未	酉亥
당명관살	巳	未	子	午	丑	亥

소아 경기가 발작되기 쉽고 병약하여 양육하기 어렵다.

당부(唐符)

일간	甲	乙	丙	丁	戊	己	庚	辛	壬	癸
당부	酉	戌	子	丑	子	丑	卯	辰	午	未

철덕, 월덕, 국인과 같은 효과가 있으며 흉을 화(化)하고 길을 더한다.

대장군(大將軍)

3년마다 방향을 고쳐 앉는 연신(年神). 해자축년(亥子丑年) – 서대장군, 인묘진년(寅卯
辰年) – 북대장군, 사오미년(巳午未年) – 동대장군, 신유술년(申酉戌年) – 남대장군 등
으로 구분한다. 작용은 그 해 대장군이 있는 방향으로는 건물 증축이나 수리하지 못한
다고 하는데, 크게 부담될 것은 없지만 예부터 지켜온 풍습이므로 가능하면 고려하는
것도 무난하다.

대패살(大敗煞)

부모 유산을 물려받아도 하루 아침에 다 망하고 유랑하게 되는 살. 구조는 자진사년
(子辰巳年) – 4월, 미술해년(未戌亥年) – 1월, 축신유년(丑申酉年) – 7월, 인묘오년(寅卯
午年) – 10월 등이 해당한다. 연지 기준으로 대입한다.

대화살(大禍煞)

연, 월지	申子辰	巳酉丑	寅午戌	亥卯未
대화살	丙丁	甲乙	壬癸	庚申

전쟁이나 전투로 인해 피해를 입는다.

덕합(德合) · 천덕합(天德合)

월지	寅	卯	辰	巳	午	未	申	酉	戌	亥	子	丑
천덕	壬	巳	正	丙	寅	己	戊	亥	辛	庚	申	乙

모든 살을 해산시키는 길성이니 모든 재난이 침범하지 못한다.

이 성이 임하면 형살, 충살, 원진, 효신, 상관, 겁재, 칠살 등의 흉한 신살도 능히 해소하며 길(吉)한 신살로 본다.

관성에 임하면 관운이 좋고 인성에 임하면 심성이 너그러우며 부모의 덕이 있고 재성에 임하면 재물운이 좋으며 식신에 임하면 초년에 고생했다 하여도 말운에는 풍요로워진다. 또 시상에 임하면 귀자가 출생할 것이며 일주에 임하면 일생 동안 어려운 일에 처해도 위험이 적을 것이다.

도화살(桃花煞)

연, 월지	申子辰	巳酉丑	寅午戌	亥卯未
도화살	酉	午	卯	子

이 신살이 있으면 애정 사건으로 망신을 망한다는 살이다. 풍류를 좋아하고 주색으로 패가망신을 하는 경우가 많으며 도화에 칠살이 있으면 창녀, 기생, 연예인이 되는 팔자이고 남자도 연예인이 되는 경우가 많다. 구조는 일지(日支)나 연지(年支)가 삼합(三合)이 되는 글자의 첫자 다음에 오는 글자에 해당한다. 예를 들어 일지에 축(丑)이 있을 경우 삼합은 사유축(巳酉丑)이 되고, 그 첫자는 사(巳)가 되므로 다음 글자는 오(午)이다. 그러므로 오가 도화살에 해당한다. 현대에 와서는 인기를 모으는 연예 방송, 예술, 체육 등의 직업이 어울린다고 본다.

두중미경(頭重尾輕)

사주에 같은 지지가 붙어 있어 일련(一連)의 기(氣)로 이루어짐을 말하며, 연지(年支)와 월지(月支)가 중복됨을 말한다.

사주에 있게 되면 주로 체력이 약하거나 유년기에 병이 많아 요절할 조짐이 있다.

○ ○ ○ ○	○ ○ ○ ○	○ ○ ○ ○
寅 丑 子 子	卯 寅 丑 丑	辰 卯 寅 寅
○ ○ ○ ○	○ ○ ○ ○	○ ○ ○ ○
巳 辰 卯 卯	午 巳 辰 辰	未 午 巳 巳
○ ○ ○ ○	○ ○ ○ ○	○ ○ ○ ○
申 未 午 午	酉 申 未 未	戌 酉 申 申
○ ○ ○ ○	○ ○ ○ ○	○ ○ ○ ○
亥 戌 酉 酉	子 亥 戌 戌	丑 子 亥 亥

득신(得辛)

신년(新年) 농사점의 종류. 신(辛)은 벼의 결실을 의미하므로 득신의 숫자가 높으면 늦게 결실을 이루고, 낮으면 빨리 결실을 이룬다고 한다. 구조는 1일 득신에서 10일 득신까지 있다. 득신이란 신금(辛金)을 얻었다는 말로 음력 정월 초하루부터 따져서 신(辛)이 들어오는 날의 숫자인데, 원리는 특별한 의미가 없다. 그렇지만 시골에서 어르신들은 이 방법으로 한 해의 농사에 대한 결실 시기를 점쳤다.

마고(馬庫)

일진(日辰) : 무진(戊辰), 임진(壬辰).

마고는 말을 마굿간에 매어 놓고 사용하지 못하는 형상으로서 변화 변동을 하지 못하는 살로 상충이 있어야만 그 매듭이 풀린다.

망신살(亡身煞)

비밀이 노출되고 비행이 폭로되어 망신을 당한다는 살이다.

일지	亥	卯	未	巳	酉	丑	寅	午	戌	申	子	辰
망신		寅			申			巳			亥	

길흉 작용

- 비밀스러운 이성 관계가 있다.
- 성질이 조급하고 경거망동한 짓을 잘한다.
- 주색과 풍류를 즐긴다.
- 모략 중상을 잘한다.
- 망신과 재관이 좋게 겸비되면 도리어 부귀의 명이 된다.

매아관(埋兒關)

10세 이전에 죽어서 묻히는 살. 구조는 자오묘유일(子午卯酉日) - 축(丑), 진술축미일
(辰戌丑未日) - 묘(卯), 인신사해일(寅申巳亥日) - 신(申)에 해당한다.

매아관살(埋兒關煞)

연, 월지	子午卯酉	辰戌丑未	寅申巳亥
매아관살	丑	卯	申

어릴 때 땅에 묻히는 살로서 묘지나 장례식, 죽은 사람은 보지 말아야 한다.

매아살(埋兒煞)

인신사해일생(寅申巳亥日生)은 신(申), 자오묘유생(子午卯酉日生)은 묘(卯)가 사주에
있으면 이 살에 해당한다. 이 살은 애기 죽은 귀신이 붙어다녀 만사가 되는 일이 없고
도로 무공이 되어 헛고생만 하게 된다는 살이다.

맹인살(盲人煞)

생일	寅卯辰月生	巳午未月生	申酉戌月生	亥子丑月生
일시	酉日酉時	辰日辰時	未日未時	亥日亥時

시력에 이상이 있어 눈이 나쁘거나 장님이 되는 살.

무정관살(無情關煞)

월지	寅卯辰	巳午未	申酉戌	亥字丑
무정관살	子寅酉	巳戌亥	申	午

두 아버지, 두 어머니를 섬기거나 부모 중 한 분을 잃어서 양부모를 모시는 살이다.

문곡귀인(文曲貴人)

일간	甲	乙	丙	丁	戊	己	庚	辛	壬	癸
문곡귀인	亥	子	寅	卯	寅	卯	巳	午	申	酉

문학, 예술 방면에 특출한 재능을 갖추고 음악과 미술로 명성을 얻는다. 갑일(甲日)에 출생한 사람이 주중에 해(亥), 을일(乙日)에 자(子), 병무일(丙戊日)에 인(寅), 정기일(丁己日)에 묘(卯), 경일(庚日)에 사(巳), 신일(辛日)에 오(午), 임일(壬日)에 신(申), 계일(癸日)에 출생한 사람이 주중에 유(酉)가 있게 되면 문곡귀인이 있게 된다.

이 귀인은 육친으로는 인성으로 구성되고 있어 학업에 탁월하고 암기력이 좋으며 지구력이 있어 학문을 파고들며 문장력에도 깊이가 있어 글재주가 뛰어나다. 특히 사후에 더욱 빛이 난다는 길신이다. 학계와 인연이 깊으니 평생을 두고 공부와 씨름을 하게 된다.

문성귀인(文星貴人)

고시에 합격하여 청고한 벼슬에 오르게 되어 무관, 법관, 행정관이 되거나 대학교수가 된다. 구성은 연월일시(年月日時)와 태월간(胎月干)이 삼병일갑(三丙一甲), 삼정일을(三丁一乙), 삼무일병(三戊一丙), 삼기일정(三己一丁), 삼경일무(三庚一戊), 삼신일기(三辛一己), 삼임일경(三壬一庚), 삼계일신(三癸一辛), 삼갑일임(三甲一壬), 삼을일계(三乙一癸)로 구성된 것을 말한다.

문창귀인(文昌貴人)

일간	甲	乙	丙	丁	戊	己	庚	辛	壬	癸
문창귀인	巳	午	申	酉	申	酉	亥	子	寅	卯

문장이 공망되지 않고 합을 이루지 않으면 글을 잘하고 공부하기를 좋아하며 사람이 총명하고 재주가 뛰어나다.

또한 사주 가운데 흉성이 있으면 길성으로 되어 흉을 제거시키기도 한다.

이 길성은 갑일(甲日)에 사(巳), 을일(乙日)에 오(午), 병무일(丙戊日)에 신(申), 정기일(丁己日)에 유(酉), 경일(庚日)에 해(亥), 신일(辛日)에 자(子), 임일(壬日)에 인(寅), 계일(癸日)에 묘(卯)로서 구성을 살펴보면 육친으로는 식신, 상관으로 구성되어 있다.

주중에 이와 같은 길성이 있으면 추리력과 발표력이 뛰어나고 지혜가 총명하며 문장력이 좋아 공부를 잘한다. 또 생전에 문장으로 학계와 인연이 있게 된다.

여명은 소녀 시절에 문학에 심취하게 된다는 길신이다. 가정 교육이 좋고 예능 계통에 소질이 있어 집필, 그림, 서예 등에 능하다.

이 귀성이 있으면 총명하여 공부를 잘한다는 길신인데 이 길성 위에 놓인 육신은 학문으로 직위를 가질 수 있으며 모든 흉을 만나도 길로 변하게 하고 그 작용은 천을귀인이나 천월덕과 비슷하다.

반안살(攀鞍煞)

이 신살은 말 안장살이라고도 하는데, 현대로 보면 벤츠를 탄다고 하는 살이다. 그러나 작용에 대한 설명이 분명하지 않다. 말 안장이므로 귀하게 말을 탈 인연이라는 의미이다. 구조는 일지(日支)나 연지(年支)가 삼합(三合)하는 글자 중 가운데 글자 다음에 오는 글자에 해당한다. 예를 들면 일지에 축(丑)이 있을 경우 삼합은 사유축(巳酉丑)이고, 가운데 글자는 유(酉)이고 다음 글자가 술(戌)이므로 반안살에 해당한다.

반음살(反吟煞)

연지(年支)를 충하는 해이면 반음살이 된다. 충이 되었다는 것은 부담이지만 경우에 따라서는 좋을 수도 있는데, 사용할 필요는 없다.

방해일(妨害日)

생년납음	木性	火性	土性	金性	水性
방해일	子丑	寅卯	酉戌	午未	酉戌

남녀 모두 부부 인연에 지장이 있기 쉽고 때로는 일찍 사별할 수 있다. 조그마한 일에 파경의 근심이 있게 되고 장기간 독신으로 지내기 쉽다.

배곡살(背曲煞)

꼽추가 되는 살로 부정적인 살인데 구조는 납음오행(納音五行)으로 따져서 금(金) – 신유오해시(申酉午亥時), 목(木) – 인묘신시(寅卯申時), 수(水) – 미신유술시(未申酉戌時), 화(火) – 인신사미시(寅申巳未時), 토(土) – 축인사오시(丑寅巳午時) 등이 해당한다. 예를 들어 갑자년(甲子年)에 태어나면, 납음은 해중금(海中金)이므로 시주(時柱)에 신유오해시(申酉午亥時)가 되면 꼽추가 된다고 한다.

백의살(白衣煞)

월지	寅	卯	辰	巳	午	未	申	酉	戌	子	丑	亥
백의살	巳	子	丑	申	卯	戌	亥	午	未	寅	酉	辰

여자는 남편과 자식을, 남자는 처자를 일찍 잃게 되는 살이다. 생일이 강하면 불구자나 병신이 되며, 약하면 자신이 단명하는 수가 있다.

백일관(百日關) · 백일관살(百日關煞)

일지	寅申巳亥	子午卯酉	辰戌丑未
백일관살	辰戌丑未	寅申巳亥	子午卯酉

출생 후 백일 안에는 외출을 하지 말 것. 특히 출생 후 백일째 되는 날에는 아기를 안고 밖에 절대로 나가지 말고 바깥 밝은 것을 보면 불리하다.

백호관(白虎關)

질병이 많거나 몸을 크게 다칠 우려가 있는 살. 구조는 1·2월생 – 신유시(申有時), 3·4월생 – 자술시(子戌時), 5·6월생 – 축묘시(丑卯時), 8·9월생 – 묘시(卯時)에 해당한다.

백호관살(白虎官煞)

일간	甲乙	丙丁	戊己	庚申	壬癸
백호관살	酉	子	午	卯	午

이 살은 핏빛을 본다는 흉살로 교통사고 등에 유의하여야 하며 건강에도 특별히 관심을 가져야 한다.

백호대살(白虎大煞)

甲辰	乙未	丙戌	丁丑	戊辰	壬戌	癸丑

해당되는 육친(六親)이 액을 당한다는 살이다. 최대 흉악살이며 재난, 사고, 교통사고, 피살, 타살, 자살, 총살, 객사, 변사, 수술사, 낙상 등으로 비참하게 죽음을 당하는 살. 확대 해석하면 교통사고를 당한다는 의미이다. 호랑이와 자동차를 연결한 것으로, 구조는 무진(戊辰), 정축(丁丑), 병술(丙戌), 을미(乙未), 갑진(甲辰), 계축(癸丑), 임술(壬戌) 등이다.

변성(變星)

성(星)이 변한다 하여 합이 되어 사라지는 것을 말한다.

병부살(病符煞)

연, 월지	子	丑	寅	卯	辰	巳	午	未	申	酉	戌	亥
병부살	亥	子	丑	寅	卯	辰	巳	午	未	申	有	戌

사주에 이 살이 있으면 몸이 허약하거나 질병으로 고생하고 잔병이 많다. 구조는 자년(子年)에 출생하면 해수(亥水)가 되고, 축년(丑年)에 출생하면 자수(子水)가 해당된다.

복덕(福德)

연,월지	子	丑	寅	卯	辰	巳	午	未	申	酉	戌	亥
복덕	酉	戌	亥	子	丑	寅	卯	辰	巳	午	未	申

집을 새로 이사하거나 짓게 되고 변화와 변동에 좋은 일이 생긴다.

복덕수기(福德秀氣)

여자 사주에 삼을(三乙), 즉, 을(乙)이 3개가 있거나 사유축으로 삼합을 이루고 있으면 인물이 빼어나고 수복이 넘치는 사람이다.

복마(伏馬) · 복마살(伏馬煞)

무신(戊申), 계사(癸巳), 계해(癸亥)일 생.

여자는 남자가 없고 먹을 것이 없어 이곳저곳에서 살게 되며 고독한 살이다. 복마살이 있는 남자는 먹을 것이 없고 처가 없어서 흉하다.

복성(福星)

일진(日辰) : 갑자(甲子), 을축(乙丑), 병인(丙寅), 병자(丙子), 정해(丁亥), 병신(丙申), 기미(己未), 경오(庚午), 신사(辛巳), 계축(癸丑).

복성은 선천적으로 타고난 복이 많고 곤란할 때 남의 도움을 받는다는 길신이다.

복성귀인(福星貴人)

일간	甲	乙	丙	丁	戊	己	庚	辛	壬	癸
복성귀인	人	丑亥	子戌	酉	申	未	午	巳	辰	卯

덕망을 스스로 갖춰 성공을 하며 언제나 유복하며 운세가 좋다.

복시살(伏尸煞)

집안에 괴변이 자주 발생하는 살. 구조는 연지(年支)와 같은 글자가 있으면 해당한다.

예를 들어 자년(子年)에 태어난 사람의 사주에 자(子)가 있으면 해당한다.

복신(福神)

갑인(甲寅), 무진(戊辰), 무인(戊寅), 무자(戊子), 계유(癸酉)일 생.
복신은 지혜와 인품이 고상하고 명예와 복록이 무진하다는 살이다.

복음살(伏吟煞)

구조는 연지(年支)와 같은 글자가 들어오는 해이다. 같은 글자가 들어오는 것으로 길흉을 판단한다.

봉장살(棒杖煞)

갑술(甲戌), 무진(戊辰), 무인(戊寅), 경오(庚午), 경진(庚辰)일 생.
봉장살은 신상에 상해, 부상, 타박을 당하며 매 맞는다는 살로서 울 일이 많이 생기게 된다.

부벽살(斧劈煞)

연, 월지	子午卯酉	寅申巳亥	辰戌丑未
부벽살	巳	酉	丑

도끼에 맞는 살로 쇠붙이에 크게 다치고 실패가 많은 살이다.
이 살은 자오묘유월생인(子午卯酉月生人)이 주중에서 사화(巳火)를 만나고, 인신사해

월생인(寅申巳亥月生人)이 유금(酉金)을 만나고, 진술축미월생인(辰戌丑未月生人)이 주중에서 축토(丑土)를 만남으로써 성립이 되는데 재물을 잃거나 낭비로 재산을 잃는 등의 고생을 한다는 흉살이다.

그 이유는 자오묘유(子午卯酉)는 사왕지국이요, 인신사해(寅申巳亥)는 사생지국이며 진술축미(辰戌丑未)는 사고지국으로 이와 같이 놓고 볼 때 첫자는 생하고 둘째 자는 일어나며 셋째 자는 왕하고 넷째 자는 끝이 되고 있는데 이 모두가 두번째 일어나려고 하는 곳에 비겁으로 방해를 하고 있기 때문이다.

부벽성(斧劈星)

실패를 자주 하여 손재(損財)가 많다는 살. 구조는 자오묘유일(子午卯酉日) - 사(巳), 진술축미일(辰戌丑未日) - 축(丑), 인신사해일(寅申巳亥日) - 유(酉)에 해당한다.

비렴살(飛廉煞)

여자는 화류계에 몸을 담든지 불구자가 되고, 남자는 유랑을 한다는 살이다.

연, 월지	子	丑	寅	卯	辰	巳	午	未	申	酉	戌	亥
비렴살	申	酉	戌	亥	子	丑	寅	卯	辰	巳	午	未

비부살(飛符煞)

연, 월지	子	丑	寅	卯	辰	巳	午	未	申	酉	戌	亥
비부	辰	巳	午	未	申	酉	戌	亥	子	丑	寅	卯

사주에 이 살이 있으면 재물이 모이지 않으며, 평생 관재가 있고 도박으로 재산을 잃
거나 집안이 망한다. 구조는 자년(子年) − 진(辰), 축년(丑年) − 사(巳), 인년(寅年) − 오
(午), 묘년(卯年) − 미(未), 진년(辰年) − 신(申), 사년(巳年) − 유(酉), 오년(午年) − 술(戌),
미년(未年) − 해(亥), 신년(申年) − 자(子), 유년(酉年) − 축(丑), 술년(戌年) − 인(寅), 해
년(亥年) − 묘(卯) 등에 해당한다. 연지에서 타지에 이러한 글자가 있거나 태세(太歲)에
이러한 지지가 들어와도 해당한다. 그러나 논리성이 없기 때문에 무시한다.

비인(飛刃) · 비인살(飛刃煞)

연, 월지	子	丑	寅	卯	辰	巳	午	未	申	酉	戌	亥
비인	辰	巳	午	未	申	酉	戌	亥	子	丑	寅	卯

비부살과 마찬가지로 사주에 이 살이 있으면 재물이 모이지 않으며, 평생 관재가 있고
도박으로 재산을 잃거나 망하기 쉽다. 구조는 자년(子年) − 진(辰), 축년(丑年) − 사(巳),
인년(寅年) − 오(午), 묘년(卯年) − 미(未), 진년(辰年) − 신(申), 사년(巳年) − 유(酉), 오
년(午年) − 술(戌), 미년(未年) − 해(亥), 신년(申年) − 자(子), 유년(酉年) − 축(丑), 술년
(戌年) − 인(寅), 해년(亥年) − 묘(卯) 등에 해당한다. 연지에서 타지에 이러한 글자가 있
거나 태세(太歲)에 이러한 지지가 들어와도 해당한다. 그러나 논리성이 없기 때문에
무시한다.

ㅅ

사계관살(四季關煞)

월지	寅卯辰	巳午未	申酉戌	亥字丑
사계관살	丑巳	辰申	未亥	寅戌

계절성 유행병을 조심해야 하며 감기에 잘 걸리는 살이다.

사대공망(四大空亡)

갑자순(甲子旬) 중 임신일(壬申日), 계유일(癸酉日).

갑오순(甲午旬) 중 임인일(壬寅日), 계묘일(癸卯日).

갑인순(甲寅旬) 중 경신일(庚申日), 신유일(辛酉日).

갑신순(甲申旬) 중 경인일(庚寅日), 신묘일(辛卯日).

이 살은 장애가 많고 고생이 많아 단명하거나 가난하다. 대운에 만나도 역시 불길하다.

사부살(死符煞)

연, 월지	子	丑	寅	卯	辰	巳	午	未	申	酉	戌	亥
사부살	巳	午	未	申	酉	戌	亥	子	丑	亥	卯	辰

구설이나 질병, 시비, 관재수가 따르다가 생명을 잃는다는 살이다.

살 · 성 · 귀인 용어사전

사주관(四柱關) · 사주관살(四柱關煞)

월지	寅申	卯酉	辰戌	巳亥	子午	丑未
사주관살	巳亥時	辰戌時	卯酉時	寅申時	丑未時	子午時

불구나 높은 데서 떨어져 다치거나 단명하게 되는 살이다. 옥상, 절벽, 비행기, 베란다, 차 등에 주의해야 한다.

사패일(四敗日)

해자축(亥子丑), 동월(冬月)에는 병오일(丙午日), 정사일(丁巳日).
인묘진(寅卯辰), 춘월(春月)에는 경신일(庚申日), 신유일(辛酉日).
사오미(巳午未), 하월(夏月)에는 임자일(壬子日), 계해일(癸亥日).
신유술(申酉戌), 추월(秋月)에는 갑인일(甲寅日), 을묘일(乙卯日).
부부 풍파, 배우자를 극하며 시작은 있어도 마침이 없는 형상이다. 또 일생 고통이 많고 불신하며, 잔병이 있거나 불구가 되기 쉬우며 단명하는 수가 있다. 변화·변동이 많고 장애가 많으며 모든 일에 어긋남이 많아서 생활상 걱정이 그치지 않는다. 다만 명조에서 인수의 도움이 있으면 흉은 면한다.

사폐일(四廢日)

구조는 인묘진월(寅卯辰月)에 경신일(庚申日), 사오미월(巳五未月)에 임자일(壬子日), 신유술월(申酉戌月)에 갑인일(甲寅日), 해자축월(亥子丑月)에 병오일(丙午日)이므로 월령을 얻지 못했다는 의미에서는 일리가 있다. 다만, 월령을 얻지 못한 날짜가 이 네 날에만 해당되는 것이 아니므로 별도로 신살에서 다룰 필요는 없다.

삼구(三丘) · 오묘(五墓)

삼구살

일	월
丑	寅卯辰
辰	巳午未
未	申酉戌
戌	亥子丑

오묘살

일	월
未	寅卯辰
戌	巳午未
丑	申酉戌
辰	亥子丑

간간이 질병으로 고생하며 일이 잘되다가도 막히는 경우가 있다.

삼구살(三邱煞)

우환과 질병이 끊이지 않는 살로 구조는 1, 2, 3월생 – 축(丑), 4, 5, 6월생 – 진(辰), 7, 8, 9월생 – 미(未), 10, 11, 12월생 – 술(戌)이 해당한다.

삼구오묘(三丘五墓)

생월	春月	夏月	秋月	冬月
삼구살	丑月	辰月	未月	戌月
오묘살	未月時	戌月時	丑月時	辰月時

일이 잘되어 가다가도 막히거나 이따금 질병으로 고생하는 경우이다.

삼기(三奇)

연월일시	삼기
甲 戊 庚	天上 三奇
乙 丙 丁	地下 三奇
辛 壬 癸	人門 三奇

이 삼기성(三奇星)이 사주에 있으면 정신세계가 다른 사람과 다르며 기이한 것을 좋아하고 큰 것을 숭상하며 학문을 널리 익히고 재능이 탁월하다.

삼기귀인(三奇貴人)

갑무경(甲戊庚) － 천상삼기(天上三奇), 을병정(乙丙丁) － 지하삼기(地下三奇), 신임계(辛壬癸) － 인간삼기(人間三奇)를 이르는 말. 정신이 다른 사람과 다르며 기이한 것을 좋아하고, 큰 것을 숭상하며 학문을 널리 익히며 재능이 탁월하다. 이 삼기는 반드시 연월일이나 월일시의 순으로 있어야 하고, 술해천문성이 있어야 하며 삼기가 흩어져 있으면 성패가 많고, 형출이나 원진, 함지살 등이 있으면 무용지물이다. 사주의 천간에 갑무경이 있으면 천상삼기에 해당되고, 을병정이 있으면 지하삼기에 해당된다. 이 셋이 모이면 대귀하다고 한다.

공망이 되면 세속에 물들지 않고 고상한 사람이 되고, 삼합회국이 있으면 거물이 되고, 천덕이나 월덕, 혹은 천을귀인이 있으면 박학다식하고, 흉재가 없으면 대학자가 된다.

삼살(三煞)

세 가지의 살 ⇨ 삼살방(三煞方)

삼살방(三煞方)

삼살(三煞)이 있는 방위. 이사할 경우에 매우 꺼리는 연신(年神)에 속한다. 해묘미(亥卯未) − 서삼살, 신자진(申子辰) − 남삼살, 인오술(寅午戌) − 북삼살, 사유축(巳酉丑) − 동삼살로 찾으면 간단하다. 삼합의 오행은 마주보는 방향에서 발생한다. 삼살방으로 이동하거나 변화, 변동하면 살아서 나가기 어렵다고 말할 정도로 흉악하게 작용한다고 한다.

삼재(三災)

연, 월지	申子辰	巳酉丑	寅午戌	亥卯未
삼재	寅卯辰年	亥字丑年	申酉戌年	巳午未年

천재, 인재, 제재, 혹은 전란, 병난, 기근을 말하는 세 가지의 재앙을 나타낸다. 태세(太歲)에서 들어오는 신살이다. 해묘미(亥卯未)생 − 사오미(巳午未)년, 인오술(寅午戌)생 − 신유술(申酉戌)년, 신자진(申子辰)생 − 인묘진(寅卯辰)년, 사유축(巳酉丑)생 − 해자축(亥子丑)년과 같이 각기 삼재가 들어온다고 한다. 삼년간 재수가 없고 하는 일이 막히며 천재지변과 인간으로 인한 손재와 실패가 따른다.

삼재팔난(三災八難)

연지	申子辰	寅午戌	亥卯未	巳酉丑
삼재	寅卯辰	申酉戌	巳午未	亥子丑

삼재란 하늘의 재난, 땅의 재난, 사람의 재난이 십이년만에 3년씩 찾아오는 흉신으로서 세 가지 재난과 여덟 가지 재난을 발생시키는 악질 신이다.

삼태(三台)

삼태성(三台星)이라고도 한다. 구조는 자년(子年) – 진(辰), 축년(丑年) – 사(巳), 인년(寅年) – 오(午), 묘년(卯年) – 미(未), 진년(辰年) – 신(申), 사년(巳年) – 유(酉), 오년(午年) – 술(戌), 미년(未年) – 해(亥), 신년(申年) – 자(子), 유년(酉年) – 축(丑), 술년(戌年) – 인(寅), 해년(亥年) – 묘(卯) 등에 해당한다.

삼합(三合)

세 글자가 모이면 합이 됨을 이르는 말. 지지(地支)에서 세 글자가 나란히 모여 합이 되는 것이다. 해묘미(亥卯未), 인오술(寅午戌), 사유축(巳酉丑), 신자진(申子辰) 등을 말한다.

삼형살(三刑煞)

삼형살	寅巳申三形		丑戌未三形		子卯相刑
자형살	辰辰自刑	午午自刑	酉酉自刑	亥亥自刑

세 가지의 형살. 형액, 관재, 액난을 초래하며 가정 풍파, 병고, 파탄, 부부 생이별을 당하는 흉살이지만 길한 경우 형살이 있으면 경찰, 판사, 변호사, 검사 등이 될 수 있다. 인사신(寅巳申)의 무은지형(無恩之刑), 자묘(子卯)의 무례지형(無禮之刑), 축술미(丑戌未)의 지세지형(持勢之刑)의 관계를 각각 형(刑)이라 하고 이 세 가지를 삼형이라고 한다.

상관대살(傷官帶煞)

육친인 상관이 편관(偏官)을 거느리고 있음. 상관과 편관이 같이 붙어 있을 때를 말한다. 사주 상황에 대한 설명이다.

상문(喪門)

연지	子	丑	寅	卯	辰	巳	午	未	申	酉	戌	亥
상문	寅	卯	辰	巳	午	未	申	酉	戌	亥	子	丑
조객	戌	亥	子	丑	寅	卯	辰	巳	午	未	申	酉

운에서 대입하는 살이다. 구조는 일지(日支)를 기준으로 자(子)－술(戌), 축(丑)－해(亥), 인(寅)－자(子), 묘(卯)－축(丑), 진(辰)－인(寅), 사(巳)－묘(卯), 오(午)－진(辰), 미(未)－사(巳), 신(申)－오(午), 유(酉)－미(未), 술(戌)－신(申), 해(亥)－유(酉)가 된다. 작용은 집안에 초상이 난다고 한다.

상부살(喪夫煞) · 상처살(喪妻煞)

생년	寅卯辰生	巳午未生	申酉戌生	亥子丑生
지지	巳丑	申辰	亥未	寅戌

이 살이 사주 중에 있으면 상부하고 상처한다는 흉살로서 일명 상처살을 고진살, 상부살을 과숙살이라고 한다.

남자에게 상처살이 있게 되면 사별을 하게 되고 경미하면 생이별하여 고독하게 되는 살이다.

여자에게 상부살이 있게 되면 남편과 사별을 하든지 생이별로 독수공방을 하게 된다는 살이다.

이 살은 연지를 기준하여 월지를 대비하여 보는데 주중에 전지지와 대비하여 보아야 할 것이다. 이 살이 화개와 같이 동주하면 여명은 독수공방으로 일생을 보내거나 비구니나 수녀가 되는 경우가 많다.

이 살의 구성 원리를 살펴보면 인묘진년에 출생한 사람은 사화는 상처살이요 축토는 상부살이 되며, 사오미년에 출생한 사람은 신금은 상처살이요 진토는 상부살이 되며, 신유술년에 출생한 사람은 해수는 상처살이요 미토는 상부살이 되며, 해자축년에 출생한 사람은 인목은 상처살이요 술토는 상부살이 된다.

상조살(喪弔煞)

상문살(喪門煞)과 조객살(弔客煞)을 말함.

상충살(相沖煞)

子午沖	丑未沖	寅申沖	卯酉沖	辰戌沖	巳亥沖

질병과 신약이 따르는 살. 흉살이며 상처, 이별, 시비, 관재, 구설, 교통액, 단명, 불구, 손재, 실패, 배신 등을 초래한다. 부모가 조실부모하거나 남의 부모를 모셔야 하며 형제가 불화하며 각자 멀리 떨어져 지내게 된다. 구조는 자오(子午)년－8월, 축미(丑未)년－9월, 인신(寅申)년－10월, 묘유(卯酉)년－11월, 진술(辰戌)년－12월, 사해(巳亥)년－1월에 해당한다.

상파살(相破煞)

子酉破	丑辰破	寅亥破	午卯破	戌未破	巳申破

평생 실패와 손해를 보며 사고와 가정 풍파가 쉼없이 일어난다. 시지를 파하면 자손
이 없고 고독하며, 일이 파하면 부부의 연이 약하며, 월이 파하면 형제지간에 불화가
많다.

상형(相刑)

일진(日辰) : 경인(庚寅).
자형살과 유사하고 형벌과 관재수와 구설수로 매사 불길함을 나타낸다.

생이별살(生離別煞)

甲寅日	乙卯日	乙未日	丙午日	戊辰日	戊申日
戊戌日	己丑日	庚申日	辛酉日	壬子日	

이 살은 일주에 직접 놓은 살로 이 날에 출생한 사람에게 해당되고 있는데 남녀 모두
부부궁이 부실하여 이른 나이에 배우자를 잃거나 아니면 생이별을 하게 되는 살이다.
여기서는 경신 일주를 가진 명주가 대운이나 연운서 다시 경신을 만나게 되면 이 살의
작용이 발생한다라고 하고 있으나 이 또한 일주 자체만을 가지고 전체를 응용하고 있기
때문에 적중률이 미약하다. 앞에서 설명한 고진, 과숙살과 병행하여 사주 분석을 하기를
바란다.

이 살은 비견, 겁재로 구성되어 있어 이 살에 관계 없이도 주중에 비견겁이 태왕한 사주는 이 살의 영향을 받는다고 보면 된다. 모든 것은 사주 구성에 따라 달라질 수 있는 것이니 속단은 금물임을 명심해주기 바란다.

생이사별살(生離死別煞)

갑인(甲寅), 을묘(乙卯), 병오(丙午), 정사(丁巳), 무진(戊辰), 무술(戊戌), 기축(己丑), 기미(己未), 경신(庚申), 신유(辛酉), 임자(壬子), 계해(癸亥)일 생.
생활 환경이나 직업상 멀리 떨어져 살거나 인정이 없어 별거하거나 생이별, 사별, 이혼, 공방수가 있다.

성(星)

간지(干支)의 특정 글자에 부여하는 의미. 예를 들어 관살(官煞)이 남편성(男便星)이거나, 재성(財星)이 처성(妻星)인 것을 의미한다. 해당 육친(六親)의 성(星)을 대입하여 길흉을 논한다.

성덕귀인(聖德貴人)

사간(四干)이 모두 양(陽)이고, 시(時)의 납음(納音)이 천상화(天上火)요, 태월지(胎月支)는 양(養), 생(生), 대(帶), 관(官), 왕(旺)으로 구성된 것을 말한다.
성인, 현인이 되어 그 이름을 후대에 전하게 된다.

세합(歲合)

연, 월지	子	丑	寅	卯	辰	巳	午	未	申	酉	戌	亥
세합	丑	子	亥	戌	酉	申	未	午	巳	辰	卯	寅

하고자 하는 목적을 순조롭게 달성한다.

소실살(小室煞)

갑술(甲戌), 을유(乙酉), 을사(乙巳), 병자(丙子), 병진(丙辰), 무진(戊辰), 기묘(己卯), 기해(己亥), 경오(庚午), 경술(庚戌), 임오(壬午), 계사(癸巳), 계해(癸亥)일 생.
아내가 있는 남자와 살림을 차리게 된다는 살이다. 처녀, 총각이 결혼하면 생이사별한다는 흉살이며, 10세 이상 연상자와 결혼하거나 재취로 시집을 가면 이 살을 면한다.

소아관살(小兒關煞)

어린 아이에게만 해당하는 살. 살 이름에 관(關)이 붙은 것은 대체로 소아관살로 본다. 종류는 낙정관(落井關), 계비관(鷄飛關), 취명관(取命關), 뇌공관(雷公關), 단복관(斷復關), 천일관(千日關), 급각관(急脚關), 철사관(鐵蛇關), 백호관(白虎關), 귀문관(鬼門關), 오귀관(五鬼關), 천구관(天狗關), 단명관(短命關), 매아관(埋兒關), 천조관(天弔關), 화상관(和尙關), 탕화관(湯火關), 야제관(夜啼關), 당명관(撞命關), 직난관(直難關), 수화관(水火關), 심수관(深水關), 사주관(四柱關), 장군관(將軍關), 단장관(斷腸關), 욕분관(浴盆關), 무정관(無精關), 염왕관(閻王關), 백일관(百日關), 사계관(四季關), 금쇄관(金鎖關), 건각살(蹇脚煞), 안맹관(眼盲關) 등이 있다.

수성귀인(壽星貴人)

태월(胎月)의 천간이 일간(日干) 및 시간(時干)과 같거나 태월지(胎月支)가 일지(日支) 및 시지(時支)와 같은 것.
수명 장수하게 된다는 길신이다.

수액살(水厄煞)

생월	寅卯辰	巳午未	申酉戌	亥子丑
생시	寅	辰	酉	丑

이 살은 생월과 생시로 이루어지고 있는데, 즉, 인묘진월(寅卯辰月)에는 인시(寅時)에 출생한 사람, 사오미월(巳午未月)에는 진시(辰時), 신유술월(申酉戌月)에는 유시(酉時), 해자축월(亥子丑月)에는 축시(丑時)에 출생한 사람은 이 살에 해당된다.
이 살을 가진 자는 물로 인하여 죽든지 죽을 고비를 당하게 되고 그렇지 아니하면 수재를 당하게 된다는 흉살이다.
그러나 구성을 보면 월과 시로 이루어지고 있어 시주에 미치는 영향이 미약해 앞에서 기술한 낙정관살과 같이 해석하면 더 정확하다.

수익살(水溺煞)

병자(丙子), 계미(癸未), 계축(癸丑)일 생.
수액이 있어 묘고나 칠살, 관부, 대모살 등과 같이 있으면 익사한다.

수혈관살(水穴關煞)

월지	寅卯辰	巳午未	申酉戌	亥子丑
수혈관살	未戌	丑辰	酉	丑

물가나 물가에 사는 것들을 조심해야 하는 살로 바다, 강, 시내, 하천, 호수, 연못, 샘, 뱀, 독충 등이다.

수화관(水火關)

물에 빠지거나 불에 데어서 생명을 잃을 위험이 있는 살. 구조는 1·2·3월생 – 술미(戌未)시, 4·5·6월생 – 축진(丑辰)시, 7·8·9월생 – 유시(酉時), 10·11·12월생 – 축시(丑時)가 해당한다.

수화관살(水火關煞)

월지	寅卯辰	巳午未	申酉戌	亥子丑
수화관살	未戌時	丑辰時	丑戌時	未辰時

화상이나 화재에 당하거나 물에 빠지는 흉살이다.

순중공망(旬中空亡)

순(旬)	공망(空亡)
갑자순중(甲子旬中)	술해공망(戌亥空亡)
갑술순중(甲戌旬中)	신유공망(申酉空亡)
갑신순중(甲申旬中)	오미공망(午未空亡)
갑오순중(甲午旬中)	진사공망(辰巳空亡)
갑진순중(甲辰旬中)	인묘공망(寅卯空亡)
갑인순중(甲寅旬中)	자축공망(子丑空亡)

순중이라고 하는 것은 육십갑자 중에는 육순이 있으니 일순은 천간 갑목에서부터 계수까지를 일컫는 말로 순은 십을 말하는 것이다. 공망이라고 하는 것은 없다, 비었다, 정지되었다, 또는 끝나다, 파괴되었다 등으로 응용되고 있다.

공망이 구성되는 것을 살펴보면 갑자(甲子)에서 계유(癸酉)까지가 일순으로서 열이 되는데 이 속에는 술(戌)과 해(亥)가 없기 때문이고, 갑술(甲戌)에서 계미(癸未)까지가 일순으로서 열이 되나 이 속에는 신유(申酉)가 없으며, 갑신(甲申)에서 계사(癸巳)까지가 일순으로서 열이나 이 속에는 오미(午未)가 없으며, 갑오(甲午)에서 계묘(癸卯)까지가 일순으로서 열이나 여기에는 진사(辰巳)가 빠졌으며, 갑진(甲辰)에서 계축(癸丑)까지가 일순으로서 열이나 여기에는 인묘(寅卯)가 없으며, 갑인(甲寅)에서 계해(癸亥)까지가 일순으로서 열이 되나 이 가운데는 자축(子丑)이 빠져 없으므로 순중공망이 성립되고 있는 것이다.

사주에 공망 여부를 살피는 방법은 먼저 일주를 기준하여 연주, 월주, 시주를 살펴서 공망을 찾고 일주의 공망은 연주를 기준하여 살피면 된다.

공망을 빨리 알아낼 수 있는 방법은 연주나 일주의 간지를 기준하여 육십갑자를 순행으로 진행하다가 천간이 계로 끝나고 그 다음에 해당하는 지지의 두 자가 공망이 된다라고 알고 있으면 쉬울 것이다.

식신제살(食神制煞)

식신(食神)이 편관(偏官)을 극함. 특히 바짝 붙어 있을 경우에 잘 어울리는 표현이다. 만약 편관을 용신으로 삼을 경우에는 대흉(大凶)하지만, 그렇지 않을 경우에는 길흉(吉凶)이 함께한다.

신살(神煞)

신(神)은 좋은 역할을 하는 살(煞)이고, 살(煞)은 흉한 역할을 하는 살이다. 이것을 묶어서 신살(神煞)이라고 한다. 신(神)은 성(星)이나 귀인(貴人)으로 표현한다.

신왕적살(身旺敵煞)

일주가 매우 왕성해서 살(煞)을 용신으로 삼음을 말한다. 살과 대적한다는 말은 어색하고, 오히려 편관을 용신으로 삼는 것으로 보는 것이 합당하다.

신음살(呻吟煞)

고란살(孤鸞煞)이라고도 하는데, 남편과 생이사별을 하고 독수공방을 하게 되는 살. 구조는 납음오행(納音五行)으로 보는데, 금(金) – 해(亥). 목(木) – 인(寅), 수(水) – 사(巳), 화(火) – 사(巳), 토(土) – 신(申) 등이 해당한다.

신통귀인(神通貴人)

사간(四干)이 모두 목(木)이거나 화(火)로 되고, 태월간지(胎月干支)에 토(土)가 놓인 자를 말한다.

크게 되면 신성이 되고, 작게 되면 술객이 된다. 신통, 형통, 도통을 하여 도사가 되거나 술사가 되며 교주나 종정이 된다.

실성(實星)

실제로 존재하는 별. 서양의 별자리 점성술이 해당한다.

심수관(深水關)

어릴 때 깊은 물에 빠지게 되는 살. 구조는 1·2·3월생 – 경신시(庚申時), 4·5·6월생 – 미시(未時), 7·8·9월생 – 유시(酉時), 10·11·12월생 – 축시(丑時)가 해당한다.

심수관살(深水關煞)

월지	寅卯辰	巳午未	申酉戌	亥子丑
심수관살	寅申時	未時	酉時	丑時

물에 빠지는 살이다. 그러므로 배를 타는 것은 주의해야 하며, 치료하기 힘든 병에 걸릴 수도 있다.

심수살(深水煞)

1, 2, 3월생: 인(寅), 신시(申時)

4, 5, 6월생: 미시(未時)

7, 8, 9월생: 유시(酉時)

10, 11, 12월생: 축시(丑時)가 되면 이 살에 해당된다.

이 살은 깊은 물에 빠진다는 살이므로 이러한 사람이 배 타는 업에 종사하면 풍랑을 만나 위험한 일을 당하게 되며, 배 타는 업이 아니더라도 배 타는 것을 삼가지 않으면 안된다.

십성(十星)

열 가지의 별. 오행(五行)의 음양(陰陽)에 따라서 정해진 명칭인데, 자평명리학(子平命理學)에서는 매우 중요한 의미가 되므로 그 의미를 정확히 이해해야 한다. 비견(比肩), 겁재(劫財), 식신(食神), 상관(傷官), 편재(偏財), 정재(正財), 편관(偏官), 정관(正官), 편인(偏印), 정인(正印)의 열 가지이다. 다른 이름으로는 육친(六親) 또는 십신(十神)이라고도 하는데, 십성으로 통일하는 것이 좋다.

십악대패살(十惡大敗煞)

갑진(甲辰), 을사(乙巳), 병신(丙申), 정해(丁亥), 무술(戊戌), 기축(己丑), 경진(庚辰), 신사(辛巳), 임신(壬申), 계해(癸亥)일 생.

길신이 도와주면 약간 길하나, 인간 관계의 실패, 부부 이별, 재물의 손실, 사람의 배신 등이 따르며 아기 낳고 살다가도 정부와 함께 달아나는 수가 있다.

십이신살(十二神煞)

열두 가지의 살(煞). 오랫동안 사용된 신살의 종류이다. 구조는 삼합(三合)의 구조와 연관하여 설정하는데, 지지(地支)에서 발생하였다. 지살(地煞), 장성살(將星煞), 화개살(華蓋煞), 역마살(驛馬煞), 재살(災煞), 월살(月煞), 도화살(挑花煞), 반안살(攀鞍煞), 겁살(劫煞), 천살(天煞), 망신살(亡身煞), 육해살(六害煞) 등이다.

십이운성(十二運星)

십이운성은 포태법 또는 절태법이라고도 하며 오행이 대자연의 우주법칙에 따라 생(生)하고, 왕(旺)하며, 쇠(衰)하고, 사(死)해가는 원리를 규정한 것이다.

십이운성: 생(生), 욕(浴), 대(帶), 관(官), 왕(旺), 쇠(衰), 병(病), 사(死), 장(藏), 포(胞), 태(胎), 양(養).

안맹관(眼盲關)

눈을 다치거나 시력을 잃는 살. 구조는 1·2·3월생 — 축(丑), 4·5·6월생 — 신(申), 7·8·9월생 — 미(未), 10·11·12월생 — 인(寅)이 해당한다.

안맹살(眼盲煞)

월지	寅卯辰	巳午未	申酉戌	亥子丑
안맹살	申	未	寅	丑

1, 2, 3월생 : 삼축(三丑)

4, 5, 6월생 : 신(申)

7, 8, 9월생 : 미(未)

10, 11, 12월생 : 인(寅)이 사주에 있을 때 해당된다.

이때 출생한 사람은 안질병이 많든가 시력이 나쁘거나, 안구에 이상이 있어 장님이 되거나 안경을 쓰게 되는 살. 맹인살이라고도 한다.

암금살(暗金煞)

일지	子午卯酉	寅申巳亥	辰戌丑未
암금살	巳	酉	丑

사(巳)는 모진 고문과 납치를 당하고, 유(酉)는 파괴와 유혈이며, 축(丑)은 상복을 입고 울 일이 생기며 자손을 극한다. 사주에 생왕이면 인품이 관대하고 도량이 크며 결단력이 강하고 생김새가 빼어나고 사주에 귀인이 있고 청격이면 대권을 잡는 고관이다.

망신살과 같이 있으면 관재가 생기고, 겁살과 같이 있으면 비명으로 죽으며, 백호살이나 양인과 같이 있으면 칼에 찔리거나 수술을 하게 되고, 혈병·익사·횡사·낙상·잔병치레 등이 있다. 일지에서 가장 흉하며, 시지에서 두번째로 흉하다. 또 사주가 탁하고 천격이면 흉한 일이 많으며, 살과 기신이 어울리면 관재·사상·유혈·장기간 질액을 앓는다.

암록(暗祿)

일간	甲日	乙日	丙戊日	丁己日	庚日	辛日	壬日	癸日
암록	亥	戌	申	午	巳	辰	寅	丑

건록에 비해 미약하다.

암록이 있으면 한평생을 통해 재물이 떨어지질 아니하고 항상 뜻밖의 귀인을 만나 위험에서 벗어난다. 영리하고 남이 모르는 복록이 있으며 자기를 도와주는 사람이 많다. 건록과 합관계가 된다. 총명한 두뇌에 재능이 있고 남이 모르는 음덕이 있으며 곤란에 처했을 때 타인의 도움을 받을 수 있는 길신이다. 단, 충, 형하든가 공망이 있으면 그 효능은 없어진다.

야제관(夜啼關)

밤만 되면 울어대는 살. 구조는 1·2·3 − 오(午), 4·5·6월생 − 유(酉), 7·8·9월생 − 자(子), 10·11·12월생 − 묘(卯)가 해당한다.

야제살(夜啼煞)

월지	寅卯辰	巳午未	申酉戌	亥子丑
야제살	午	酉	子	卯
월지	寅申巳亥		子午卯酉	辰戌丑未
야제관살	寅		未	酉

아기 때 밤만 되면 잠도 자지 않고 울어대는 살. 일생 동안 슬픈 일들이 자주 발생한다.

야체살(夜嚔煞)

1, 2, 3월생 : 오(午)

4, 5, 6월생 : 유(酉)

7, 8, 9월생 : 자(子)

10, 11, 12월생 : 묘(卯)가 야체살이다.

이 살이 있으면 아기 때 낮이 되면 자고, 밤이 되면 깨어 잠을 자지 않고 울어대는 살인데 낮과 밤을 혼동하고 있는 살이다.

양인로살(羊刃露煞)

양인격(羊刃格)의 천간(天干)에 편관(偏官)이 나타나 있음을 이르는 말. 양인은 흉한 성분이어서 제어해야 한다고 보면 천간에 편관이 있으므로 제어가 가능하다는 의미도 된다. 또 하나는 신약해서 겁재(劫財)를 용신으로 삼아야 하는데, 천간에 편관이 있으니 흉하다는 의미로도 사용이 가능하다. 상황에 따라서 적절하게 사용하는 말이다.

양인살(羊刃煞)

일간	甲	乙	丙	丁	戊	己	庚	辛	壬	癸
양인살	卯	辰	午	未	午	未	酉	戌	子	丑

양인은 국권, 권력, 무력이라 형벌을 맡은 악살로서 강렬, 폭력, 성급, 상신, 수술을 나타낸다. 일생을 관형을 살게 되며 일생 행로에 파란이 많다. 구조는 일간 위주로 보아 갑(甲)－묘(卯), 병무(丙戊)－오(午), 경(庚)－유(酉), 임(壬)－자(子)에 해당한다. 매우 강하다는 의미로 보는데, 여기에 추가로 을(乙)－진(辰), 정기(丁己)－미(未), 신(申)－진(辰), 계(癸)－축(丑)도 양인에 해당한다. 다만 이것을 살로 취급하는 것은 선입견이라 할 수 있는데, 이는 사정에 따라서 달라지기 때문에 살로 보지 않아도 된다.

양인용살(羊刃用煞)

월지(月支)에 양인(羊刃)이 있는데 편관(偏官)을 용신(用神)으로 삼았다는 말이다.

양정살(陽情煞)

갑인(甲寅), 갑신(甲申), 정축(丁丑), 무신(戊申), 기축(己丑), 신미(辛未), 임인(壬寅), 계미(癸未)일 생.

아내 모르게 여자 애인을 숨겨놓고 살거나 바람을 많이 피운다. 주로 춤바람이 나며 관재, 구설, 망신을 당할 수 있고 남련살(男戀煞)이라고도 한다.

양착살(陽錯煞)

병자(丙子), 병오(丙午), 무인(戊寅), 무신(戊申), 임진(壬辰), 임술(壬戌) 일(日)이나 시(時)에 태어난 사람을 말한다.

작용은 부부 인연이 약하고 풍파가 많고 결혼에 어려움이 많다. 상부상처(喪夫喪妻), 이별하기 쉽고, 생일에 있으면 외가가 몰락하거나 고독하고, 생시에 있으면 처가 고독하거나 몰락하며 육친간에 불화한다.

여착일(女錯日)

생년납음	木性	火性	土性	金性	水性
여착일	丁丑	丙午, 丁未, 戊申	※	辛卯, 辛酉	癸巳, 癸亥

가족 친척 간에 인연이 박하고, 어릴 때에 사별하거나 다른 집에서 양육되거나 하여 심하면 평생 고독하다. 이 여착일은 여자에게만 적용하는 살이다.

역마(驛馬) · 역마살(驛馬煞)

연지	申子辰	寅午戌	巳酉丑	亥卯未
역마	寅	申	亥	巳

역마는 한 곳에 머물러 있지 못하고 계속 밖으로 나돌아다니게 된다는 것이다. 그러나 역마는 이같이 소극적인 의미만 있는 것이 아니고 어떤 일이든 적극적이고 활동성이 강하다는 것을 나타내고 있다. 먼 거리를 나설 때 이 살을 살피는데 이는 고향을 떠나서 죽거나 어떤 교통편을 이용하게 되는가 등을 관장하기 때문이다.

역마가 길신(吉神)으로 작용하면 활동성이 많고 재물을 일찍부터 모으며 임기응변의 재주가 있고 외교와 운수사업에 적격이다. 반대로 흉신(凶神)으로 작용하면 타향 객지를 떠돌며 열심히 일해도 돈을 모으지 못하고 고달프고 외롭기만 하며 심하면 아무도 돌보지 않는 곳에서 처량하게 객사한다.

여자는 먼 곳에 있는 사람을 남편으로 맞이하게 되며 흉신일 경우에는 이곳저곳 떠돌며 많은 남자를 만나게 된다.

염왕관(閻王關) · 염왕관살(閻王關煞)

월지	寅卯辰	巳午未	申酉戌	亥子丑
염왕관살	丑未	辰戌	子午	卯酉

오래 된 부처나 미륵, 또는 불교의식의 장례식을 보지 않는 살. 염라대왕의 사자에게 잡혀가는 수가 있다는 이유이다.

영학귀인(榮學貴人)

연월일시(年月日時), 납음오행(納音五行)이 태월납음(胎月納音)과 비화(比和)된 것을 말한다.

말년에 지방관이 되거나 세상에서 은둔해 사는 고결한 도인의 상이고 학식과 덕이 높으므로 만인의 모범이 된다.

오귀(五鬼) · 오귀관(五鬼關) · 오귀관살(五鬼關煞)

연, 월지	子	丑	寅	卯	辰	巳	午	未	申	酉	戌	亥
오귀관살	辰	巳	午	未	申	酉	戌	亥	子	丑	寅	卯

빙의나 귀신에 홀리기 쉬우며 가정에 부정적인 일들이 많아 산소나 장례식에 가지 말아야 한다.

오귀살(五鬼煞)

질병과 재난이 따르고 부부 불화하는 살. 구조는 두 가지이다. 하나는 신자진생(申子辰生) − 유술(酉戌), 사유축생(巳酉丑生) − 축오(丑午), 인오술생(寅午戌生) − 묘진(卯辰), 해묘미생(亥卯未生) − 자축(子丑)이다. 다음은 자년(子年) − 진(辰), 축년(丑年) − 사(巳), 인년(寅年) − 오(午), 묘년(卯年) − 미(未), 진년(辰年) − 신(申), 사년(巳年) − 유(酉), 오년(午年) − 술(戌), 미년(未年) − 해(亥), 신년(申年) − 자(子), 유년(酉年) − 축(丑), 술년(戌年) − 인(寅), 해년(亥年) − 묘(卯) 등이 해당한다.

오묘살(午墓煞)

우환과 질병이 끊이지 않는 살. 구조는 1·2·3월생 – 미(未), 4·5·6월생 – 술(戌) , 7·8·9월생 – 축(丑), 10·11·12월생 – 진(辰)이 해당한다.

오성(五星)

다섯 가지의 별. 목성(木星), 화성(火星), 토성(土星), 금성(金星), 수성(水星)의 다섯 오행을 말한다. 그리고 목성은 세성(歲星), 화성은 형혹성(熒或星), 토성은 진성(土 +眞星), 금성은 태백성(太白星), 수성은 진성(辰星)이라고도 한다.

오천복(午天福)

오(午)는 천복성(天福星)에 해당한다. 당사주(唐四柱)에서 12성(星)에 해당하는데, 오에 해당하면 복록이 많다는 뜻이다.

욕분관살(浴盆關煞)

월지	寅卯辰	巳午未	申酉戌	亥子丑
욕분관살	辰	未	戌	丑

목욕탕, 바다, 강, 시냇가, 수영장, 끓는 국, 찌개 등 살아가면서 물에 화상을 입거나 빠져 죽는 살이다.

용덕(龍德)

연, 월지	子	丑	寅	卯	辰	巳	午	未	申	酉	戌	亥
용덕	未	申	酉	戌	亥	子	丑	寅	卯	辰	巳	午

생활에 풍파가 심하지만 귀인의 손길은 평생 끊이지 않는다.

용호귀인(龍虎貴人)

연월일시(年月日時)와 태월주(胎月柱)의 납음오행이 사목일화(四木一火), 사화일금(四火一金), 사금일수(四金一水)로 구성된 것을 말한다.

장차관이 되는 대귀격으로 행정관, 무관, 법관이 되기도 하고 나가면 장수요, 들면 정승이니 군장성이 되기도 한다.

원성(垣城)

일주(日柱)가 병인(丙寅), 무신(戊申), 임신(壬申), 무신(戊申)이면 해당한다. 이 글자들이 재성(財星)과 합을 이루면 부인이 다른 남자의 자식을 임신한다고 한다.

원진(怨嗔) · 원진살(怨嗔煞)

연, 월지	子	丑	寅	卯	辰	巳	午	未	申	酉	戌	亥
원진살	未	午	酉	申	亥	戌	丑	子	卯	寅	巳	辰

원진(元辰)이라고 한다. 서로 미워하고 증오하며 화를 내는 살이다. 부부 사이에 이 살이 있으면 가정 생활이 파탄에 이른다고도 한다. 구조는 출생 연지를 기준으로 자미(子未), 축오(丑午), 인유(寅酉), 묘신(卯申), 진해(辰亥), 사술(巳戌)을 만날 때 해당한다. 다만 실제로 그 구성을 보면 육합(六合)을 방해하기 때문에 미워한다는 것인데, 예를 들어 자미원지(子未怨嗔)의 경우에는 자수(子水)가 축토(丑土)와 합하려고 하는데, 미토(未土)가 축미충(丑未沖)으로 합을 방해하기 때문에 자(子)는 미(未)를 미워하고, 미(未)는 오미(五未)를 합하려는데 자(子)가 자오충(子午沖)하여 합을 방해하므로 미토(未土)는 자수(子水)를 미워한다는 말이다.

월공(月空)

월지	寅午戌	亥卯未	申子辰	巳酉丑
월공	壬	庚	丙	甲

지도자의 위치에 군림하거나 명망이 높아진다.

월덕귀인(月德貴人)

월지	寅	卯	辰	巳	午	未	申	酉	戌	亥	子	丑
월덕	丙	甲	壬	庚	丙	甲	壬	庚	丙	甲	壬	庚

생월	寅午戌	亥卯未	申子辰	巳酉丑
월덕귀인	丙	甲	壬	庚

인오술월(寅午戌月) - 병(丙), 신자진월(申子辰月) - 임(壬), 해묘미월(亥卯未月) - 갑(甲), 사유축월(巳酉丑月) - 경(庚)에 해당한다. 월지(月支)를 보아 천간(天干)에 그에 해당하는 글자가 있으면 된다. 의미를 보면 삼합(三合)이 되는 글자의 화기(化氣)의 양간(陽干)이 해당하므로, 삼합으로 나온 신살이라는 것을 알 수 있다. 사주에 있으면 병이 적고 관운(官運)에서 이롭다고 한다.

천덕귀인과 같은 길성으로 작용은 천덕귀인과 비슷하다. 월간이 월덕귀인이면 덕망이 있어 존경을 받고 월덕이 재성에 있으면 재복이 있고, 관성에 임하면 관록이 있으며 인성에 임하면 윗사람의 덕이 있다.

생애가 비교적 순탄하고 인덕이 있다. 흉액이 훨씬 감소한다.

여자: 온순하고 현모양처이다. 생애가 순탄하며 임신 출산의 어려움을 겪지 않는다.

월덕합(月德合)

월지	寅	卯	辰	巳	午	未	申	酉	戌	亥	子	丑
월덕합	辛	己	丁	乙	辛	己	丁	乙	辛	己	丁	乙

작용은 천덕합과 거의 동일하다. 천덕합과 월덕합이 있는 명조는 길복합이라 하여 명조가 길로 변하고 인사에서는 택일에 많이 사용하며 이 날에는 행사를 하면 길하다고 한다.

월살(月煞)

고초살이라고도 한다. 고통이 많은 삶을 산다는 살이다. 구조는 일지(日支)난 연지(年支)가 삼합(三合)하는 글자의 끝자를 충하는 글자에 해당한다. 예를 들면 일지에 축(丑)이 있을 경우, 삼합은 사유축(巳酉丑)이 되고, 끝자는 축(丑)이 되므로 축과 충되는 글자는 미(未)이니 다른 지지(地支)에 미가 있으면 그를 일러서 월살이라고 한다.

유술상천(酉戌相穿)

유술(酉戌)이 만나면 상천(相穿)이 된다. 서로 뚫어서 구멍을 낸다는 말이니 흉한 질병이 따라다니기 쉽다.

유실살(有室煞)

갑오(甲午), 을사(乙巳), 정사(丁巳), 무진(戊辰), 경진(庚辰), 병술(丙戌), 임술(壬戌), 을해(乙亥), 신해(辛亥), 무자(戊子), 임오(壬午), 신묘(辛卯), 정유(丁酉)일 생.
두 집 생활을 하는 남자가 많으며, 처를 두고 첩을 본다는 살이다.

유하(流霞) · 유하살(流霞煞)

남자는 타향에서 객사하고 여자는 아기를 낳다 사망하는 살. 구조는 갑일(甲日) – 유(酉), 을일(乙日) – 술(戌), 병일(丙日) – 미(未), 정일(丁日) – 신(申), 무일(戊日) – 사

(巳), 기일(己日) − 오(午), 경일(庚日) − 진(辰), 신일(申日) − 묘(卯), 임일(壬日) − 해(亥), 계일(癸日) − 인(寅)에 해당한다.

유혈살(流血煞)

몸을 다쳐서 피를 많이 흘리거나, 종기로 고생하거나, 귀양을 가거나, 여자는 임신과 출산의 어려움이 있는 살이다. 구조는 생월(生月)에서 갑자(甲子)로 시작하여 순행하고, 생년의 지지(地支)에 닿는 곳이 해당된다.

육수성(六秀星)

병오(丙午), 정미(丁未), 무자(戊子), 기축(己丑), 무오(戊午), 기미(己未)일에 태어난 사람으로, 이 사람은 얼굴도 잘생겼지만 재주도 뛰어난 사람이다.

육수일(六秀日)

병오(丙午), 정미(丁未), 병자(丙子), 기축(己丑), 무오(戊午), 기미(己未)일 생.
총명하고 똑똑하다. 글재주가 많고 이기적인 경향이 농후하다.

육충(六沖)

지지(地支)에서 서로 충(沖)하는 여섯 가지. 12개의 지지를 둥그렇게 벌려 놓고 서로 마주보는 글자끼리 충을 한다. 충보다 우선하는 것이 오행상극(五行相剋)이기 때문에 도표적인 의미도 일부 포함되어 있는 것으로 본다. 충하는 종류는 자오충(子午沖), 축미충(丑未沖), 인신충(寅申沖), 묘유충(卯酉沖), 사해충(巳亥沖), 진술충(辰戌沖) 등이다.

육파(六破)

파괴하는 여섯 가지를 의미한다. 자유(子酉), 축진(丑辰), 인해(寅亥), 묘오(卯午), 사신(巳申), 술미(戌未) 등이다.

육합(六合)

지지(地支)에 있는 여섯 가지의 합. 자축(子丑), 인해(寅亥), 묘술(卯戌), 진유(辰酉), 사신(巳申), 오미(午未)의 합(合) 등이다. 이 지지들이 서로 만나면 합한다.

육해(六害)

서로 해롭게 하는 것으로 상천살(相穿煞)과 같다.

육해살(六害煞)

육친(六親)으로 인한 재앙을 당한다는 살이다. 구조는 일지(日支)나 연지(年支)가 삼합(三合)하는 끝 글자의 앞에 오는 글자에 해당한다. 예를 들면 일지에 축(丑)이 있을 때 삼합은 사유축(巳酉丑)이 되고, 끝자 축(丑) 앞의 글자가 자(子)이므로 자가 육해살에 해당된다.

음살(陰煞)

음모를 당하거나 질병을 얻게 되는 살. 구조는 신자진(申子辰)년 − 축(丑), 사유축(巳酉丑)년 − 술(戌), 인오술(寅午戌)년 − 미(未), 해묘미(亥卯未)년 − 진(辰) 등이다.

음양살(陰陽煞)

남자는 병자일생(丙子日生), 여자는 무오일생(戊午日生)이면 해당한다.
음양살 중에 병자일에 태어난 남자는 미인을 맞이하고, 무오일에 태어난 여자는 남자의 유혹을 받기 쉬우며, 미남과 결혼한다.
무자(戊子)의 남자는 부인과 서로 사랑하며 여자는 미남을 만난다.
또 이들은 평생 동안 대인관계에서 미남 미녀와의 접촉이 많은데, 단, 도화살이나 원진살이 붙으면 행실이 음란하다.

음양착살(陰陽錯煞)

음차살(陰差煞)과 양착살(陽錯煞)의 통칭. 음양착(陰陽錯)이라고도 한다.

음욕방해살(陰慾妨害煞)

팔전(八專)과 구추(九醜). 이 살이 있으면 늙어 죽을 때까지 주색과 사치에 빠져서 패가(敗家)한다.

음욕살(陰浴煞)

갑인(甲寅), 을묘(乙卯), 정미(丁未), 무술(戊戌), 기미(己未), 경신(庚申), 신묘(辛卯), 계축(癸丑)일 생.

좋지 못한 가정에서 태어났거나 서자녀, 또는 모친이 재취하거나 결점이 있는 부모나 가정의 출신이 많다. 이성 문제로 시끄럽고 성질이 강인하여 남이 싫어한다. 가족 및 처자와 인연이 박하든가 고생이 많으며 육친과 불화한다. 남자는 배우궁이 약해 중간에 깨지기 쉽고, 생사이별 수가 있다. 여자는 부모와의 인연이 나쁘고 양친에게 괴로움을 끼친다.

몸의 건강 문제로 고생할 수도 있고, 남녀간에 생시에 있으면 자녀의 신상 문제로 고생이 많다.

음정살(陰情煞)

을축(乙丑), 병신(丙申), 정축(丁丑), 기미(己未), 경인(庚寅), 신미(辛未), 임인(壬寅), 임신(壬申)일 생.

남편 몰래 애인을 숨겨놓고 살거나, 바람을 많이 피운다. 주로 춤바람이나 불륜관계로 구설, 망신, 관재수를 당하며 여련살(女戀煞)이라고도 한다.

음차살(陰差煞)

구조는 일주만 보면 계사(癸巳), 신묘(申卯), 정미(丁未), 신유(申酉), 계해(癸亥), 정축(丁丑)일 때 해당한다. 작용은 부부 인연이 약하고 친척간에 불화한다.

음착살(陰錯煞)

정축(丁丑), 정미(丁未), 신묘(辛卯), 신유(辛酉), 계사(癸巳), 계해(癸亥)일이나 시(時) 생.

상부(喪夫), 상처(喪妻), 부부 불화, 이별, 처갓집이나 외갓집이 망하는 살. 살이 출생일에 있으면 외가집이 망하고, 시에 있으면 처갓집이 쇠한다. 음착살은 남자보다 여자가 더 흉한데 남편이 바람을 피우고 부부가 불화하며 근친으로 인해 독수공방을 하거나 시가가 몰락한다. 여자 사주에 음양착살이 세 개 이상 있으면 반드시 시가가 망하며 음착살이나 양착살이 사주에 있으면 결혼을 못하거나 비정상적인 결혼을 하고 부부 불화하며 풍파가 많다. 또 외삼촌이 외롭고 처남이 고독한 살이어서 시주에 음양착살이 있는 남자는 처남이 고독하거나 처가가 망하여 처가와 원수지게 된다.

의처살(疑妻煞)

갑오(甲午), 을사(乙巳), 정사(丁巳), 을해(乙亥), 신해(辛亥), 병술(丙戌), 임술(壬戌), 무진(戊辰), 경진(庚辰)일 생.

자기 아내가 바람을 피우지 않는지 의심하는 살이며, 의처살이 있으면 남편이 의처증에 걸린다.

익수살(溺水煞)

일간	甲	乙	丙	丁	戊	己	庚	辛	壬	癸
연월일시	巳	子	申	戌	卯	巳	子	申	戌	卯

물에 빠져 생명을 잃을 수도 있다는 위급한 살이니 조심해야 한다.

강, 바다, 호수 등에는 가지 말아야 한다는 살이다.

인성(印星)

정인(正印)과 편인(偏印)을 묶어서 이르는 말.

인수봉살(印綬逢煞)

인성(印成)이 편관(偏官)을 만난 경우. 경우에 따라 다르지만 인수가 용신일 경우에 편관(偏官)을 만나면 인수(인성)의 힘이 강하다고 생각한다.

일귀(日貴)

정해(丁亥), 정유(丁酉), 계사(癸巳), 계묘(癸卯)일 생.

주일귀는 계묘, 계사일이고 야일귀는 정해, 정유일이다. 이 날에 출생한 사람은 형충파해, 공망과 괴강이 있으면 최고로 흉하다 할 것이다.

이 일진에 난 사람을 일귀격이라고 하는데 여성은 이 생일에 출생하면 길하지 못하다. 용모가 단정하고 수려하며 순수한 성격과 인망을 지니고 있다. 또한 가문을 빛내고 자신의 명성도 떨친다. 다만 형, 충을 만나면 길한 작용이 없어진다.

일덕(日德)

갑인(甲寅), 병진(丙辰), 무진(戊辰), 경진(庚辰), 임술(壬戌)일 생.

아무리 궁해도 천(賤)하지 않다.

파란을 겪고도 요행히 구제 받는다.

공망, 충, 파, 해, 형 되면 불리하다.

일덕(逸德)

일간	甲	乙	丙	丁	戊	己	庚	辛	壬	癸
일덕	寅	申	巳	亥	巳	寅	申	巳	亥	巳

성격이 온유하고 자비심이 있다. 이 날에 태어나면 신왕(身旺)을 좋아한다. 아무리 궁해도 천하지 않고 파란을 겪고도 요행히 구제 받는다. 흉운을 만나도 능히 구해주고 어려움이 있어도 쉽게 벗어나지만 공망, 충, 파, 해, 형 되면 불리하다.

일록(日祿)

갑인(甲寅), 을묘(乙卯), 경신(庚申), 신유(辛酉)일 생.

건강하고 식복이 있다.

배우자의 건강이 나쁜 경우가 있다.

여자는 팔자가 센 편에 해당한다.

일좌공망(日座空亡)

일진(日辰) : 갑술(甲戌), 을해(乙亥).

위의 양일은 일좌공망이라 하는데 이 공망은 가정 풍파와 부부 금슬이 좋지 못하다 하
여 일생을 두고 풍파와 곡절을 많이 겪어야 하는 살이라고 본다.

자결살(自結煞)

연, 월지	子	丑	寅	卯	辰	巳	午	未	申	酉	戌	亥
자결살	寅日時	卯日時	辰日時	巳日時	午日時	未日時	申日時	酉日時	戌日時	亥日時	子日時	丑日時

달리는 차나 높은 곳에서 뛰어내리거나 음독, 자해, 목을 매는 흉살.

자액살(自縊煞)

스스로 목맬 운명에 처할 근심이 있는 살. 구조는 자년(子年) － 유(酉), 축년(丑年) － 오(午), 인년(寅年) － 미(未), 묘년(卯年) － 신(申), 진년(辰年) － 해(亥), 사년(巳年) － 술(戌), 오년(午年) － 축(丑), 미년(未年) － 인(寅), 신년(申年) － 묘(卯), 유년(酉年) － 자(子), 술년(戌年) － 사(巳), 해년(亥年) － 진(辰)에 해당한다.

자의 살(自의 煞)

일지	子	丑	寅	卯	辰	巳	午	未	申	酉	戌	亥
자의 살	酉	午	未	申	亥	戌	丑	寅	卯	子	巳	辰

천원(天元)이 묘(墓)로 천원과 상극되면 크게 꺼리고 다시 천중(天中)에 관부살, 대모살이 있거나 공망되면 목매어 죽는다.

장군살(將軍煞)

일지	寅卯辰	巳午未	申酉戌	亥子丑
장군살	辰酉戌	子卯未	丑寅午	巳申亥

특히 장군의 사당에 가지 말며 묘지나 장례식장, 사람 죽은 곳에 함부로 가지 말라. 병으로 고생하거나 직업 군인으로 전사한다.

장군전(將軍箭)

연, 월지	子	丑	寅	卯	辰	巳	午	未	申	酉	戌	亥
장군전	申	巳	酉	戌	辰	未	卯	子	午	寅	丑	亥

상갓집, 장례식, 무덤, 장군의 사당에 가지 말고, 단명 또는 양자의 명이다.

장명살(長命煞)

월지	寅	卯	辰	巳	午	未	申	酉	戌	子	丑	亥
장명살	亥	戌	酉	申	未	午	巳	辰	卯	寅	丑	子

죽을 고비가 있어도 몇 번이고 죽지 않고 살며 장수하는 살이다.

장성(將星)

연지	寅午戌	申子辰	巳酉丑	亥卯未
장성	午	子	酉	卯

십이신살 중의 하나인데 본서에서는 따로 구분하지 않으므로 같이 설명한다.

위와 같이 연지가 인, 오, 술일 때 지지에 오가 오면 장성이 된다.

특히 일지에 오는 것을 주로 본다. 용맹성이 있고 과감하고 진취적이라서 어떤 고난이 있더라도 그 고난을 뚫고 기어이 일을 성취한다. 군으로 진출하면 크게 성공한다.

장성살(裝星煞)

문무를 겸비하는 직업에서 출세하며 관운이 대길하다.

특히 장성에 편관이 있으면 무관, 또는 법관의 길로 가게 되고 재성이 있으면 국가의 재정을 맡는 직업에 종사하게 된다.

일지	申	子	辰	寅	午	戌	亥	卯	未	巳	酉	丑
장성		子			午			卯			酉	

장형(杖刑) · 장형살(杖刑煞)

무자(戊子), 무술(戊戌), 무신(戊申), 경자(庚子), 경인(庚寅), 경신(庚申), 경술(庚戌), 임술(壬戌)일 생.

가까운 육친이나 일가 친척의 관재나 소송이 많고 재난을 많이 겪게 된다.

재가살(再嫁煞)

연, 월지	子	丑	寅	卯	辰	巳	午	未	申	酉	戌	亥
재가살	5월	6월	7월	8월	9월	10월	11월	12월	1월	2월	3월	4월

초혼을 실패하고 두 번 시집가는 살. 출가 후 남편과 생사이별하거나 남편의 버림을 받아 다시 시집간다.

재고귀인(財庫貴人)

일간	甲乙	丙丁戊己	庚辛	壬癸
재고귀인	辰	丑	未	戌

재물을 많이 모아 거부가 된다는 길신이다.

재고일(財庫日)

생년납음	木性	火性	土性	金性	水性
재고일	丙辰	乙丑	壬辰	癸未	甲戌

가난한 집에 태어나더라도 부귀를 점진적으로 향상, 발전하게 되며, 여자도 재물을 얻고 행복하다.

재살(災煞)

연, 월지	申子辰	巳酉丑	寅午戌	亥卯未
재살	午	卯	子	酉

재앙(災殃)이 계속 생기는 살이다. 일명 소옥살이라고도 부르며 형무소, 천재지변, 급변 사고, 불구, 단명을 당하는 흉살이다. 구조는 일지(日支)나 연지(年支)가 삼합(三合)하는 글자의 가운데 글자를 충하는 자에 해당한다. 예를 들면 일지에 축(丑)이 있을 경우, 삼합은 사유축(巳酉丑)이 되고, 그 가운데 자는 유(酉)가 되므로 유의 앞자인 묘(卯)가 충되는 글자이므로 다른 지지(地支)에 묘가 있으면 그것을 재살이라고 한다.

재왕대살(財旺帶煞)

재성(財星)이 왕성하면서 편관(偏官)을 거느리고 있음을 이르는 말. 일간도 약하지는 않지만 재성이 관살(官煞)을 거느리면 부담스럽다는 뜻으로 부건파처(夫健怕妻)와 같은 의미이다. 부건파처란 남편이 견실하면서도 처를 두려워함을 이르는 말이다.

재자약살(財滋弱煞)

재성(財星)이 약한 편관(偏官)을 생조(生助)함. 이 형상은 재자약살격(財滋弱煞格)으로 본다. 용신격의 한 종류로 사주에 비겁(比劫)이 많아서 신왕한 경우에 편관이 유력하면 용신으로 정한다. 다소 약한 경우에는 재성이 편관을 돕는다. 여기에서 살(煞)은 편관의 별명이다.

절도귀인(節度貴人)

일간	甲	乙	丙	丁	戊	己	庚	辛	壬	癸
절도귀인	巳	未	巳	未	巳	未	亥	丑	亥	丑

모든 일에 분수를 지키며 조화가 잘되고, 의리가 강하며 누구와도 협조하여 원만한 관계를 지닌다. 선천(先天)의 복덕을 지니고 있다.

절로공망(截路空亡)

일간	甲乙	丙丁	戊己	庚申	壬癸
절로공망	辛酉時	午未時	辰巳時	寅卯時	子丑時

길이 끊기는 공망으로 길을 나서면 홍수를 만나거나 더이상 나갈 수 없는 흉한 일이 발생함을 의미한다. 구조는 갑기일(甲己日)이 신유시(申酉時), 을경일(乙庚日)이 오미시(午未時), 병신일(丙辛日)이 진사시(辰巳時), 정임일(丁壬日)이 인묘시(寅卯時), 무계일(戊癸日)이 자축시(子丑時)나 술해시(戌亥時)에 나면 해당한다.

절방(絶房) · 절방살(絶房煞)

연, 월지	子午卯酉	寅申巳亥	辰戌丑未
절방살	11월	7월	2월

부부간에 이별하고 홀로 빈 방을 지키거나, 서로 불화하여 별거하거나, 아니면 사정이 있어서 같이 동거하지 못하는 살이다. 첩을 얻어 따로 사는 경우도 해당한다. 구조는

자오묘유(子午卯酉)생 – 11월, 진술축미(辰戌丑未)생 – 12월, 인신사해(寅申巳亥)생 – 7월에 해당한다.

정기(旌旗)

연, 월지	寅卯辰	巳午未	申酉戌	亥子丑
정기	癸酉	癸卯	戊子	戊午

동분서주하는 살이며 생시에 정기살이 있고, 나쁜 살들이 겹치면 물에 빠져 죽는다는 살이다.

정도화일(正桃華日)

생년납음	木性	火性	土性	金性	水性
정도화일	癸未	甲戌	丙辰	乙丑	壬辰

남녀 모두 다른 사람에 비해 뛰어난 재능은 갖추었지만 색정이 깊어 신용을 떨어뜨리고 몸을 그르치는 일이 있다.

정록(正祿)

일간	甲	乙	丙戊	丁己	庚	辛	壬	癸
정록	寅	卯	巳	午	申	酉	亥	子

정록의 구성은 갑록재인(甲祿在寅)이니 갑록은 인에 있음이요, 을록재묘(乙祿在卯)이니 을록은 묘에 있고, 병무록(丙戊祿)은 재사(在巳)하니 병화와 무토의 녹은 사에 있는 것이요, 정기록(丁己祿)은 재오(在午)하니 정화와 기토의 녹은 오에 있으며, 경록재신(庚祿在申)이니 경의 녹은 신에 있고, 신록재유(辛祿在酉)하니 신록은 유에 있으며, 임록재해(壬祿在亥)라 임록은 해에 있고, 계록재자(癸祿在子)니 계록은 자에 있는 것으로 이루어져 있다.

이는 지지 암장, 천간이 같은 오행권에서 같이 구성되고 있고, 십이운성에서는 관궁이며, 육친으로는 비견인, 즉, 자기의 위치를 찾아 일하기 때문에 정자(正字)를 붙인 것이며, 혈기가 왕성하여 국가에 봉사하고 노력함으로써 그에 대한 대가를 받게 되니 이름하여 국록을 먹게 되었다 하여 녹자(祿字)를 따서 정록이라고 한 것이다.

정록귀인(正祿貴人)

정록성(正祿星)이라고도 하며 건록(建祿)을 말함. 구조는 갑목(甲木)이 인(寅)을 본 경우나, 을목(乙木)이 묘(卯)를 본 경우 등이다. 정록이 있으면 복이 넘치고 귀한 사람이 된다.

정수일(正綏日)

생년납음	木性	火性	土性	金性	水性
정수일	癸未	甲戌	丙辰	乙丑	壬辰

독립 자영업자의 경우는 사업이 상당히 발전하고 사회적으로도 명예를 얻는데 정관계(政官界)에 이름을 날린 덕분이다.

정인(正印)

일진(日辰) : 갑술(甲戌), 을축(乙丑), 병진(丙辰), 임진(壬辰), 계미(癸未).

정인은 나보다 상식이 많은 배우자와 만나게 되고 예술과 학문에 능하며 인격이 고상한 신이다.

제살(制煞)

살(편관 또는 여러 개의 정관)을 제압하는 식신을 말한다. 식신과 상관을 함께 보기도 한다.

살이 많을 때 제살이 있으면 살의 관재수나, 사건·사고를 방지하거나 줄일 수 있다고 본다. 살이 적은데 제살인 식신과 상관이 많으면 구설수와 사고수, 여자는 이혼수가 발생할 가능성이 높다.

제좌(帝座)

시주납음오행	木	火, 土	金	水
제좌	卯	午	酉	子

갑자시(甲子時)가 되면 납음이 金(금)에 해당하고, 금은 유(酉)에서 왕(旺)하므로 유시(酉時)가 되면 이에 해당한다.

제좌(帝座)는 시주의 납음오행이 왕(旺)하면 길하고 쇠(衰)하면 자식이 불효하고 방탕하며 시주의 납음오행이 제왕지(帝旺地)가 됨을 말한다.

조객살(弔客煞)

연, 월지	子	丑	寅	卯	辰	巳	午	未	申	酉	戌	亥
조객살	戌	亥	子	丑	寅	卯	辰	巳	午	未	申	酉

운에서 대입하는 살이다. 상갓집에 갔다가 몸이 아픈 경우인데 이때 부모나 친족이
상을 당한다는 살이다. 이 살이 있을 경우에는 상갓집에 가지 않는다. 구조는 일지를
기준으로 말한다. 자(子) − 인(寅), 축(丑) − 묘(卯), 인(寅) − 진(辰), 묘(卯) − 사(巳), 진
(辰) − 오(午), 사(巳) − 미(未), 오(午) − 신(申), 미(未) − 유(酉), 신(申) − 술(戌), 유(酉)
− 해(亥), 술(戌) − 자(子), 해(亥) − 축(丑)이 된다.

졸폭살(卒暴煞)

연, 월지	子	丑	寅	卯	辰	巳	午	未	申	酉	戌	亥
졸폭살	卯	辰	巳	午	未	申	酉	戌	亥	子	丑	寅

흉한 일이 발생하는 살. 항상 불안함을 가지고 불의의 재앙이 생긴다.

주수(注受)

월지	寅	卯	辰	巳	午	未	申	酉	戌	子	丑	亥
주수	子	亥	戌	酉	申	未	午	巳	辰	卯	寅	丑

위험한 일을 당하더라도 타인의 도움을 얻어 일을 해결하는 살. 부귀를 불러오는 길신
이다.

중혼살(重婚煞)

연	子	丑	寅	卯	辰	巳	午	未	申	酉	戌	亥
일	巳	午	未	申	酉	戌	亥	子	丑	寅	卯	辰

부부 인연을 두세 번 맺게 된다는 살로 적용은 미약하다.

지모살(地耗煞)

연, 월지	子午	丑未	寅申	卯酉	辰戌	巳亥
지모살	巳	未	酉	亥	丑	卯

가정내에서 마음먹은 일이 잘되지 않거나, 허사가 되는 살이다. 세운(歲運), 월운(月運)에 오면 관재구설이 있다.

지배(指背)

연, 월지	申子辰	巳酉丑	寅午戌	亥卯未
지배	申	巳	寅	亥

남녀 모두 질투심이 강하며 배신을 당하는 경험을 한다.

지살(地煞)

연, 월지	申子辰	巳酉丑	寅午戌	亥卯未
지살	申	巳	寅	亥

돌아다니게 된다는 살로 이사, 이전, 전직, 여행 등을 하게 된다. 지살(地煞)이 길신이 되면 외교관, 기술자, 여행사, 조종사로 해외로 나갈수 있고, 이민을 가는 경우도 있다. 구조는 일지(日支)나 연지(年支)가 인신사해(寅申巳亥)가 되면 해당한다.

지소성(地掃星)

재산을 모두 없앤 뒤에 자수성가 한다.

지전살(地轉煞)

월지	寅卯辰	巳午未	申酉戌	亥字丑
지전살	辛卯日	戊午日	癸酉日	丙子日

사업의 실패, 전업의 재난을 당하는 살. 돈을 버는 것보다 쓸 일이 많아지고 직업에 장래성이 없다.

직난관(直難關)

송곳, 칼, 못, 창 등으로 크게 다칠 액이 있는 살. 구조는 1·2월 – 묘(卯), 3·4월 – 미(未), 5·6월 – 묘술(卯戌), 7·8월 – 사신(巳申), 9·10월 – 인묘(寅卯), 11·12 – 진유(辰酉)에 해당한다.

직난관살(直難關煞)

월지	寅卯	辰巳	午未	申酉	戌亥	子丑
직난관살	午	未	酉戌	巳申	寅卯	辰酉

예리한 칼이나 쇠붙이에 다치는 살이다.

진신(進神) · 진신성(進神星)

1, 2, 3월생 : 갑자일(甲子日)이나 갑자시(甲子時).

4, 5, 6월생 : 갑오일(甲午日)이나 갑오시(甲午時).

7, 8, 9월생 : 기묘일(己卯日)이나 기묘시(己卯時).

10, 11, 12월생 : 기유일(己酉日)이나 기유시(己酉時).

이때 출생한 사람은 자기 고집이 강하여 고집으로 기어코 성공을 거두는 사람이다. 그러나 이곳에 형충을 맞거나 공망이 되면 작용을 못한다.

진신(進神) · 교신(交神) · 퇴신(退神) · 복신(伏神)

진신(進神) : 갑자(甲子), 기묘(己卯), 갑오(甲午), 기유(己酉).

교신(交神) : 병자(丙子), 신묘(辛卯), 병오(丙午), 신유(辛酉).

퇴신(退神) : 정축(丁丑), 임진(壬辰), 정미(丁未), 임술(壬戌).

복신(伏神) : 무인(戊寅), 계사(癸巳), 무신(戊申), 계해(癸亥).

진신(進神): 갑자(甲子), 기묘(己卯), 갑오(甲午), 기유(己酉) 일주를 말한다.
나아간다, 승진한다, 벼슬한다, 전진한다, 발전한다 등을 상징한다.

교신(交神): 병자(丙子), 신묘(辛卯), 병오(丙午), 신유(辛酉) 일주를 말한다.
주고받는다, 교류한다, 소통한다, 사귀다, 변화한다 등을 상징한다.

퇴신(退神): 정축(丁丑), 임진(壬辰), 정미(丁未), 임술(壬戌) 일주를 말한다.
물러나다, 그만두다, 떠나가다, 돌아가다, 피신하다 등을 상징한다.

복신(伏神): 무인(戊寅), 계사(癸巳), 무신(戊申), 계해(癸亥) 일주를 말한다.
엎드리다, 은둔하다, 굴복하다, 숨는다, 침체하다 등을 상징한다.

천간성(天奸星)

간교(奸狡)하다는 뜻과 총명하다는 뜻이 있다. 지지(地支)의 진(辰)에 해당하는 살이다.

천고성(天孤星)

고독하게 살아간다는 뜻을 지니며, 지지(地支)의 신(申)에 해당하는 살이다.

천곡살(天哭煞)

연, 월지	子	丑	寅	卯	辰	巳	午	未	申	酉	戌	亥
천곡살	午	巳	辰	卯	寅	丑	子	亥	戌	酉	申	未

신세를 한탄하며 의지할 곳 없는 고아의 살이다. 대운이나 연운에 오면 자녀로 인한 근심이 있다.

천공(天空)

연, 월지	子	丑	寅	卯	辰	巳	午	未	申	酉	戌	亥
천공	丑	寅	卯	辰	巳	午	未	申	酉	戌	亥	子

길성, 길신 장소는 이를 꺼리고 칠살, 기타 흉신이 모인 곳은 반긴다. 실속이 없는 살이다.

천관귀인(天官貴人)

일간	甲	乙	丙	丁	戊	己	庚	辛	壬	癸
천관귀인	未	辰	巳	酉	戌	卯	亥	申	寅	午

관직으로 입신 출세하는 길성. 천관귀성 위에 놓여진 육신은 관직을 얻게 되는데 복덕과 인망을 구비하여 점차로 운세는 향상 발전하나 형, 충, 원진, 양인 등이 있으면 도리어 천관귀성이 오히려 나빠져 불행을 초래하게 될 수도 있다.

귀인성이 있으므로 해서 좋을 때는 더욱 좋고 나쁠 때는 더욱 나쁘다는 것을 알아야 한다. 귀인성이 잘 조화를 이루면 모든 살이 제거된다고 보면 된다.

천구관살(天狗關煞)

연, 월지	子	丑	寅	卯	辰	巳	午	未	申	酉	戌	亥
천구관살	戌	亥	子	丑	寅	卯	辰	巳	午	未	申	酉

수술, 교통사고 등으로 피를 보기 쉬운 살이다.

천권성(天權星)

권세(權勢)를 누린다는 뜻을 갖는다. 지지(地支)의 인(寅)에 해당하는 살이다.

천귀성(天貴星)

귀하게 된다는 뜻을 갖는다. 지지(地支)의 자(子)에 해당하는 살이다.

천덕(天德) · 천덕귀인(天德貴人)

생월	寅	卯	庚	巳	午	未	申	酉	戌	亥	子	丑
천덕귀인	丁	申	壬	辛	亥	甲	癸	寅	丙	乙	巳	庚

인월(寅月) – 정(丁), 묘월(卯月) – 신(申), 진월(辰月) – 임(壬), 사월(巳月) – 신(辛), 오월(午月) – 해(亥), 미월(未月) – 인(寅), 술월(戌月) – 병(丙), 해월(亥月) – 을(乙), 자월(子月) – 사(巳), 축월(丑月) – 경(庚)에 해당하면 천덕귀인이다. 작용은 관운(官運)이 좋고 병(病)이 적다고 한다.

모든 흉살을 없애는 길신이다. 길한 건 더욱 길하게 하고 흉한 건 반감을 시킨다. 천덕귀인이 관성에 있으면 관운과 자손 운이 좋고, 인수에 임하면 부모와 조상 덕이 높아 이름을 얻는다. 재성에 임하면 현모양처를 얻을 수 있고 재운이 좋다.

천덕합(天德合)

월지	寅	卯	辰	巳	午	未	申	酉	戌	亥	子	丑
천덕	壬	巳	丁	丙	寅	己	戊	亥	辛	庚	申	乙

모든 살을 해산시키는 길성이니 모든 재난이 침범하지 못한다.

이 성이 임하면 형충, 원진, 효신, 상관, 겁재, 칠살 등의 흉화도 능히 해소하며 길(吉)로 인도한다. 관성에 임하면 관운이 좋고 인성에 임하면 심성이 너그러우며 부모의 덕이 있고 재성에 임하면 재물 운이 좋으며 식신에 임하면 초년에 고생했다 하여도 말년에는 풍요해진다. 또 시상(시주)에 임하면 귀한 자식이 출생할 것이며 일주에 임하면 일생 동안 어려운 일에 처해도 위험이 적을 것이다.

천도살(天屠煞)

일지	子	丑	寅	卯	辰	巳	午	未	申	酉	戌	亥
천도살	午時	亥時	戌時	酉時	辛時	未時	子時	巳時	辰時	卯時	寅時	丑時

군자(君子)는 괴질과 각기병, 이질(異質), 장풍(腸風)이 걸리고, 소인(小人)은 사지가 온전치 못하거나 형액을 당하고, 거듭 범한 자는 귀양, 축출을 당하는 살.

천라지망(天羅地網)

병정일(丙丁日)은 술해(戌亥)가 천라(天羅), 임계일(壬癸日)은 진사(辰巳)가 지망(地網). 술해는 남자에게, 진사는 여자에게 더욱 해롭다. 술해나 진사가 원명에 있을 때는 술해는 진사년, 진사는 술해년이 오면 반드시 제약이 발생한다. 술해는 개와 돼지가 서로 미워하는 뜻이며 천고성(하늘의 외로운 성)이므로 배우자와 자식을 극하고 고독하다. 반면 진사는 일, 시가 연(連)하고 연월이면 조상 터를 파하고 부모 연이 없다. 천라지망이 있으면 남자는 만사가 여의치 못하고 금전운이 박하며, 여자는 파혼을 거듭하고, 남편 연이 변하든가 자식 복이 없고 박명하다. 남녀간에 감금, 구속, 관재, 시비, 구설, 송사를 당하기 쉽고, 교도관, 경찰, 군인, 수사관, 법관, 종교인, 약사, 의사, 간호원, 역술인, 무당 등의 직업을 갖는 경우가 많다.

천라지망살(天羅地網煞)

구조는 진(辰) － 천라(天羅), 술(戌) － 지망(地網)인데, 남자는 천라를 꺼리고 여자는 지망을 꺼린다. 한신(韓信)도 이 살이 있어서 흉한 죽음을 당했다고 한다.

천랑살(天狼煞)

연, 월지	子	丑	寅	卯	辰	巳	午	未	申	酉	戌	亥
천랑살	卯日時	辰日時	巳日時	午日時	未日時	申日時	酉日時	戌日時	亥日時	子日時	丑日時	寅日時

출생일	甲	乙	丙	丁	戊	己	庚	辛	壬	癸
출생월	9	12	9	12	6	11	6	6	6	6

자식이 먼저 죽는 흉살이며 자식을 기르기도 어렵다. 이 살이 있으면 벼락 맞는 것도 주의하여야 한다.

천록(天祿)

일간	甲	乙	丙	丁	戊	己	庚	辛	壬	癸
천록	寅	卯	巳	午	巳	午	未	酉	亥	子

건록(建祿), 혹은 정록(正祿)이라고도 하며, 관직에 오르는 관록(冠祿), 시록(時祿), 의록(衣祿)의 풍부함을 말한다.

천모살(天耗煞)

연, 월지	子	丑	寅	卯	辰	巳	午	未	申	酉	戌	亥
천모살	申	戌	子	寅	辰	午	申	戌	子	寅	辰	午

가정 밖의 일이 헛되어지거나 잘되지 않는 살. 세운(歲運), 월운(月運)에 오면 관재구설이 되고, 천모살 해를 만나면 외적인 문제에서 일이 발생한다.

천무살(天無煞)

연, 일지	寅	巳	申	亥
천무살	4, 8, 10월	1, 5, 9월	2, 6, 12월	3, 7, 11월

양 어깨가 욱신거리고 기력이 없으며 손발이 저리기도 하고 따끔거리는 살이다. 병원에 가보아도 병명도 없고 약효가 없다. 주로 무당, 박수, 점술가, 승려, 독신 생활을 많이 한다.

천문성(天文星)

문장(文章)에 능하다는 뜻을 갖으며, 지지(地支)의 사(巳)에 해당하는 살이다.

천복귀인(天福貴人)

일간	甲	乙	丙	丁	戊	己	庚	辛	壬	癸
천복귀인	酉	申	子	亥	卯	寅	午	己	丑未	辰戌

이 귀성이 있으면 평생 복이 넉넉하고 반드시 여러 사람의 우두머리가 되어 존경을 받는 덕이 있다. 인품이 후덕하고 활달하며 정직하여 부귀공명을 누리고 일생 행복하게 살게 되는 길신이다. 그러나 공망, 형, 충, 파를 만나면 도리어 인덕이 없고 손재, 실패가 잦다.

천복성(天福星)

복록(福祿)이 많다는 뜻으로 지지(地支)의 오(午)에 해당하는 살이다.

천사(天赦)

재앙에서 구제해주는 신이라는 뜻이다. 인묘진(寅卯辰)월의 무인(戊寅)일, 사오미(巳午未)월의 갑오(甲午)일, 신유술(申酉戌)월의 무신(戊申)일, 해자축(亥字丑)월의 갑자(甲子)일에 태어난 사람에게 해당한다.

천사성(天赦盛)

생월	寅卯辰月	巳午未月	申酉戌月	亥子丑月
일주	戊寅日	甲午日	戊申日	甲子日

재해와 우환이 적어 일생 동안 구원해준다는 길신이다. 대란(大亂)과 대병(大病)이 없으면 복록과 천수를 누린다.

춘월(春月)에 무인일(戊寅日), 하월(夏月)에 갑오일(甲午日), 추월(秋月)에는 무신일(戊申日), 동월(冬月)에 갑자일(甲子日)에 출생한 사람은 천사성으로 처세에 원만하며 병이나 재화를 당했다가도 사면이 되어 복귀(福貴)를 누린다.

그러나 사주에 미치는 영향이 흉으로 나타나게 되면 길성이 될 수 없다.

천살(天煞)

하늘을 보고 눈물을 흘린다는 살이다. 비행기살이라고 한다. 구조는 일지(日支)나 연지(年支)가 삼합(三合)이 되는 첫 글자의 앞에 오는 글자에 해당한다. 예를 들면 일지에 축(丑)이 있을 경우에 삼합은 사유축(巳酉丑)이 되고, 그 첫 자인 사(巳)의 앞 글자는 진(辰)이다. 그래서 진이 천살에 해당한다.

천소살(天掃煞)

일간	甲	乙	丙	丁	戊	己	庚	辛	壬	癸
천소살	癸未	壬午	辛巳	庚辰	己卯	戊寅	丁丑	丙子	乙亥	甲戌

남자에게 이 살이 있으면 세 번 이상 아내를 맞이한다는 살이다.

천소성(天掃星)

장가를 세 번 든다는 살. 구조는 갑년(甲年) – 계미(癸未) 일시, 을년(乙年) – 임오(壬午) 일시, 병년(丙年) – 신사(申巳) 일시, 정년(丁年) – 경진(庚辰) 일시, 무년(戊年) – 기묘(己卯) 일시, 기년(己年) – 무인(戊寅) 일시, 경년(庚年) – 정축(丁丑) 일시, 신년(申年) – 병자(丙子) 일시, 임년(壬年) – 을해(乙亥) 일시, 계년(癸年) – 갑술(甲戌) 일시에 해당한다.

천수성(天壽星)

수명이 길다는 뜻을 가지며, 지지(地支)의 해(亥)에 해당하는 살이다.

천액성(天厄星)

연, 월지	子	丑	寅	卯	辰	巳	午	未	申	酉	戌	亥
천액	未	申	酉	戌	亥	子	丑	寅	卯	辰	巳	午

액난(厄難)이 많다는 뜻을 갖는다. 신체 불구와 지병을 갖고 있으며 월운에 천액을 만나면 불시에 액난이 있고 세운에 천액을 만나면 재해가 생긴다. 지지(地支)의 축(丑)에 해당하는 살이다.

천역성(天驛星)

역마(驛馬)처럼 떠돌아다닌다는 뜻을 가지며 지지(地支)의 미(未)에 해당하는 살이다.

천예성(天藝星)

예술 분야에 소질이 있다는 뜻을 지니며, 지지(地支)의 술(戌)에 해당하는 살이다.

천옥살(天獄煞)

연, 월지	子	丑	寅	卯	辰	巳	午	未	申	酉	戌	亥
천옥살	甲日時	乙日時	丙日時	丁日時	戊日時	己日時	庚日時	辛日時	壬日時	癸日時	甲日時	乙日時

육친이나 본인이 관재수가 있어 옥살이를 하게 되는 흉살이다.

천을귀인(天乙貴人)

일간	甲戊庚日	乙己日	丙丁日	辛日	壬癸日
귀인	丑未	子申	亥酉	寅午	巳卯

사람이 총명하고 흉이 길로 바뀐다.

건록과 제왕이 같이 있으면 평생토록 복록이 많고 관운도 좋으나 공망이 되면 길한 것이 감소되고 사, 절과 같이 있으면 복이 없다.

귀인을 형, 충, 파, 해 하면 부모에게 흉함이 있다. 귀인과 합되거나 길성이 있으면 출세가 빠르고 사회적으로 발전하여 신망이 높으며 평생토록 형벌의 문제가 생기지 않는다. 괴강과 같이 있으면 사리에 밝고 세인의 존경을 받으며 성격도 쾌활하다. 건록이 있고 역마가 충을 맞으면 출세하여 그 명성이 높다.

천의성(天醫星)

월지	寅	卯	辰	巳	午	未	申	酉	戌	亥	子	丑
천의성	丑	寅	卯	辰	巳	午	未	申	酉	戌	亥	子

의사, 약사, 간호사, 종교인, 역술가 등에 종사하면 좋다.

천인성(天刃星)

살상(殺傷)의 액을 당한다는 뜻을 지니며, 지지(地支)의 유(酉)에 해당하는 살이다.

천일관(千日關) · 천일관살(千日關煞)

일간	甲乙	丙丁	戊己	庚申	壬癸
천일관살	辰午	申酉	巳戌	寅	丑亥酉

생후 천일이 되기 전까지 경풍이나 자잘한 질환이 있어 심하면 사망하는 살이다. 특히 삼년간은 다른 사람의 손에 아기를 키우지 말아야 한다.

천전살(天轉煞)

구조는 인묘진월(寅卯辰月) － 을묘(乙卯), 사오미월(巳午未月) － 병오(丙午), 신유술월 (申酉戌月) － 신유(辛酉), 해자축월(亥子丑月) － 임자(壬子) 등을 말한다.

단명할 우려가 있다. 매우 왕하다는 의미로는 가치가 있지만 왕한 경우는 많으므로 이 날짜만 유독 골라서 천전살이라고 하는 것은 이치에 합당하지 않다.

천조관(天弔關)

하늘의 조문을 받는다는 살. 여러 번 죽을 고비를 넘기는 살이다. 구조는 신자진(申子辰)일 — 사오(巳午), 사유축(巳酉丑)일 — 자묘(子卯), 인오술(寅午戌)일 — 진오(辰午), 해묘미(亥卯未)일 — 오신(午申)에 해당한다.

천조관살(天弔關煞)

연, 월지	申子辰	巳酉丑	寅午戌	亥卯未
천조관살	巳午	子卯	辰午	午申

살아가면서 울 일이 많으며 부모가 일찍 돌아가신다.

천주귀인(天廚貴人)

일간	甲	乙	丙	丁	戊	己	庚	辛	壬	癸
천주귀인	巳	午	巳	午	申	酉	亥	子	寅	卯

천주귀인은 운명이 밝고 순탄하며 수복(壽福)이 쌍전(雙傳)하며 직장은 재무관, 은행계를 많이 한다. 재복이 많아서 평생 동안 생활에 곤궁할 일이 없다. 갑병(甲丙) — 사

(巳), 을정(乙丁) － 오(午), 무(戊) － 신(申), 기(己) － 유(酉), 경(庚) － 해(亥), 신(辛) － 자(子), 임(壬) － 인(寅), 계(癸) － 묘(卯)에 해당한다. 복록이 넘치고 수명이 길다. 식신을 말하지만 병화(丙火)가 사(巳)를 봐도 천주귀인인 것을 보면 그렇지도 않으므로 신빙성이 없다.

천중살(天中煞)

공망(空亡)과 같은 말이다.

천지전살(天地轉煞)

구조는 인묘진월(寅卯辰月) － 묘(卯), 사오미월(巳午未月) － 오(午), 신유술월(申酉戌月) － 유(酉), 해자축월(亥子丑月) － 자(子)가 되므로 왕성하게 된다고 이해한다. 작용은 단명할 우려가 있지만 믿을 말은 못된다. 다만, 사주 전체가 한 오행이 매우 왕(旺)하면 그럴 수 있다는 가능성은 고려해도 무방하다.

천파성(天破星)

천파성은 집안이나 삶을 파괴한다는 뜻과 풍파가 많다는 뜻을 갖는다. 지지(地支)의 묘(卯)에 해당하는 살이다.

천혁(天赫)

인묘진월(寅卯辰月)의 무인일(戊寅日), 사오미월(巳午未月)의 갑임일(甲壬日), 신유술
월(申酉戌月)의 무신일(戊申日), 해자축월(亥子丑月)의 갑자일(甲子日)
웬만한 흉살은 사라지게 한다는 살이다.

천형살(天刑煞)

연, 월지	子	丑	寅	卯	辰	巳	午	未	申	酉	戌	亥
천형살	未	申	酉	戌	亥	子	丑	寅	卯	辰	巳	午

연, 일지	子丑	寅	卯辰	巳	午未	申	酉戌	亥
천형살	乙時	庚時	辛時	壬時	癸時	丙時	丁時	戊時

형액(刑厄)과 질병이 따르는 살이다. 신체 불구 및 건강에 문제가 있다.

천화살(天火煞)

사주 천간(天干)에 병정화(丙丁火)가 나타나고, 지지(地支)에 인오술화국(寅午戌火局)
을 이루고, 사주에 임계해자(壬癸亥子)가 없으면 화왕(火旺) 운에서 반드시 화재를 당
한다.
연운에서도 화(火)를 생조(生助)하는 목(木)이나 화(火)가 들어와 화기(火氣)가 생왕
(生旺)하는 곳을 만나면 화재를 조심해야 한다.

천희신(天喜神)

생월	寅	卯	辰	巳	午	未	申	酉	戌	亥	子	丑
지지	未	午	巳	辰	卯	寅	丑	子	亥	戌	酉	申

천희신은 출생된 월지로 주중 전 지지를 대비하여 보는 것이다. 가령 정월생인이 주중에서 미토(未土)를 만나면 희신(喜神)이 성립되는데 이 천희신은 갑작스런 나쁜 일도 변하여 길하게 된다는 길신이다. 그러나 천희신도 그 자체가 일주에 미치는 영향이 흉이 될 때는 길신이 될 수 없다. 또 직업은 사람의 생명을 다루는 법조인, 의료인, 역술인 등의 사람을 살리고 돌보는 사업이 좋다.

철사관(鐵蛇關) · 철사관살(鐵蛇關煞)

일간	甲乙	丙丁	戊己	庚申	壬癸
철사관살	辰	未申	寅	戌	丑

돌림병이나 전염병을 앓다가 생명을 잃는다는 살이다. 짐승에 당하기도 하며 어른이 되어서는 칼 등의 쇠로 인해 몸을 다치기도 한다.

철소추(鐵掃帚)

남자는 처가가 몰락하고 여자는 시가의 재산이 망한다. 신자진(申子辰)년 – 남자는 1월, 여자는 12월, 사유축(巳酉丑)년 – 남자는 6월, 여자는 9월, 인오술(寅午戌)년 – 남자는 4월, 여자는 7월, 해묘미(亥卯未)년 – 남자는 2월, 여자는 8월 등에 해당한다.

취명관살(取命關煞)

일간	甲乙丙丁	戊己庚	申壬癸
취명관살	申子辰	亥卯未	寅午戌

잡귀가 씌우게 되니 절, 사당, 묘지, 하천에는 가까이 가지 말아야 한다.

칠살(七煞)

일간	甲	乙	丙	丁	戊	己	庚	辛	壬	癸
칠살	庚	辛	壬	癸	甲	癸	丙	丁	戊	己

편관(偏官)의 다른 말. 신살과 무관하며 생년칠살은 조실부모하거나 본인 또한 횡액, 불구, 단명, 질병으로 고생한다.

침수살(沈水煞)

월지	子	丑	寅	卯	辰	巳	午	未	申	酉	戌	亥
연월시	丑	丑	寅	寅	寅	未	未	未	酉	酉	酉	丑

바다, 강, 호수에서 수영하거나 배를 타다 빠져 죽는 살이다.

탄함살(吞陷煞)

이 살이 있으면 재난이 따른다. 미술해(未戌亥)에 태어나면 몸을 다치고, 신사(申巳)생은 질병을 앓고, 유(酉)생은 아내가 달아난다. 묘(卯)시생은 고향을 멀리 떠나고, 자(子)시생은 횡액이 발생하고, 축오(丑午)생은 몸을 상하고, 진(辰)생은 물에 빠진다. 구조는 연지(年支)로 보며, 자년(子年)−술(戌), 축년(丑年)−인(寅), 인년(寅年)−미(未), 묘년(卯年)−사(巳), 진년(辰年)−진(辰), 사년(巳年)−신(申), 오년(午年)−인(寅), 미년(未年)−인(寅), 신년(申年)−사(巳), 유년(酉年)−자(子), 술년(戌年)−자(子), 해년(亥年)−술(戌)에 해당한다.

탕화살(湯火煞)

일간	甲酉戊庚壬	乙丁己辛癸
탕화살	寅午	丑
탕화살	甲午, 甲寅, 乙丑, 丙寅, 丙午, 丁丑, 戊寅日 戊午, 庚午, 庚寅, 辛丑, 壬午, 壬寅, 癸丑日	

화상(火傷)을 입을 수 있는 살. 구조는 자오묘유(子午卯酉)일−오(午), 진술축미(辰戌丑未)일−미(未), 인신사해(寅申巳亥)일−인(寅) 등이 해당한다.

태극귀인(太極貴人)

갑을(甲乙) − 자오(子午), 병정(丙丁) − 묘유(卯酉), 무(戊) − 진술(辰戌), 기(己) − 축미(丑未), 경신(庚申) − 인해(寅亥), 임계(壬癸) − 사신(巳申) 등이 해당한다. 연간(年干)을 기준으로 대입하여, 여기에 해당하면 격이 좋아 입신양명(立身揚名)한다.

태백(太白) · 태백살(太白煞)

연, 월지	子午卯酉	寅申巳亥	辰戌丑未
태백살	巳	酉	丑

사주에 태백살이 있으면 가난하고 고독하고 단명한다는 살이다. 태백살은 택일하는 경우에는 손이 없는 곳으로 이사한다는 말이 된다. 이 경우 구조가 전혀 다른데, 예를 들어 음력으로 매월 1·11·21일은 정동방, 2·12·22일은 동남간방, 3·13·23일은 정남방, 4·14·24일은 남서간방, 5·15·25일은 정서방, 6·16·26일은 북서간방, 7·17·27일은 정북방, 8·18·28일은 북동간방으로 태백살이 있다. 이 날짜에는 그 방향을 피한다. 그리고 9·19·29일은 하늘에 손이 있고, 10·20·30일은 지하에 손이 있어 이사하는 경우에 손 없는 날을 택하면 9일과 10일로 이사 방향이 동서남북이 된다.

태백성(太白星)

구조는 자오묘유(子午卯酉)가 사(巳)를 만나거나, 인신사해(寅申巳亥)가 유(酉)를 만나거나, 진술축미(辰戌丑未)가 축(丑)을 만나면 성립한다. 사주에 이 살이 있으면 고독하고 가난하며 요절하는데, 이 말의 타당성이나 근거는 전혀 없다.

태양(太陽)

연, 월지	子	丑	寅	卯	辰	巳	午	未	申	酉	戌	亥
태양	丑	寅	卯	辰	巳	午	未	申	酉	戌	亥	子

모든 흉한 재난이 사라진다는 살이다. 얼굴이 검고 붉으며 재난이 없다.

택묘살(宅墓煞)

가정이 불안하고 집안에 우환이 있는 살이다. 구조는 자년(子年) − 진신(辰申), 축년(丑年) − 사유(巳酉), 인년(寅年) − 오술(午戌), 묘년(卯年) − 미해(未亥), 진년(辰年)·신자(申子)·사년(巳年) − 유축(酉丑), 오년(午年) − 인술(寅戌), 미년(未年) − 해묘(亥卯), 신년(申年) − 자진(子辰), 유년(酉年) − 축사(丑巳), 술년(戌年) − 인오(寅午), 해년(亥年) − 묘미(卯未) 등이다.

퇴신(退身)

정축(丁丑), 정미(丁未), 임진(壬辰), 임술(壬戌)일 생.
조직 생활이나 생활력이 떨어지고 괴팍한 성질이다. 모든 것이 나아가면 불리하거나 어려움이 생기고, 물러나면 의외의 편안한 삶을 살게 되고 길(吉)한 것을 얻는 살이다.

파군살(破軍煞)

연, 일지	子午卯酉	寅申巳亥	辰戌丑未
파군	巳	酉	丑

파쇄(破碎)라고도 하며 재물이 바닥나고, 또는 형사 문제가 발생된다. 구조는 자(子)가 신(申)을 보거나, 축(丑)이 사(巳)를 보거나, 인(寅)이 인(寅)을 보면 해당한다. 사주에 띠와 형충이 되고 또 세운에 오면 재물이 새어나가고 또는 형사 문제가 일어난다. 입으로는 부처의 말을 해도 마음은 뱀의 마음이라는 의미인데, 믿을 만한 근거는 전혀 없다.

파록(破祿)

일진(日辰): 갑신(甲申), 을유(乙酉), 경인(庚寅), 신묘(辛卯).
파록은 정관을 파괴한다는 뜻과 비슷한 뜻이며 건록에 충(沖)하므로 녹이 파하는 것을 말한다. 빈천하게 된다는 것이다.

파자(破字)

일진(日辰): 갑자(甲子), 갑술(甲戌), 갑신(甲申), 갑오(甲午), 갑진(甲辰), 갑인(甲寅), 을미(乙未), 병신(丙申), 정유(丁酉), 정미(丁未), 무신(戊申), 기유(己酉), 기미

(己未), 경신(庚申), 신미(辛未), 임신(壬申), 계유(癸酉), 계미(癸未), 계사(癸巳), 계묘(癸卯), 계축(癸丑), 계해(癸亥).

이 파자살은 22일주가 되는데 녹을 파하는 흉신으로서 빈천함을 뜻한다. 이 살이 있으면 몇 번이고 파산을 경험해보는 살로서 가장 큰 흉신 작용을 한다.

팔전(八專)

일진(日辰): 경술(庚戌), 을묘(乙卯), 경신(庚申), 신유(辛酉).

팔전은 일명 전록격(專祿格)이라고 하며 신왕운(身旺運)이 오면 일시에 행운이 오나 만약에 관성이나 형충파해가 사주나 행운에 오면 우환과 사고가 많고 모든 일이 되는 것이 없고 일평생 하는 사업은 시작은 좋으나 결과는 적자 사업이요, 괴로움이 뼛속에 사무치며 빈곤이 태산 같다.

여성은 흉살이 없고 이 일주에 출생하면 인물이 고상하고 남편의 사랑과 시부모의 은덕을 입고 만사가 태평하나 만약에 흉살이 들어오면 모든 일이 여의치 못하고 남편과 갈등이 있고 자식과 일가 친척에게 배신 당하며 연약한 여자의 몸을 의지할 곳 없게 된다.

팔패살(八敗煞)

여덟 번을 실패한다는 살이다. 일생 손재주가 많고, 하는 일이 거의 용두사미가 된다. 구조는 자진사년(子辰巳年)−6월, 축술해년(丑戌亥年)−9월, 인묘오년(寅卯午年)−12월, 미신유년(未申酉年)−3월에 해당한다.

팔풍일(八風日)

해자축(亥子丑), 동월(冬月)에는 갑인일(甲寅日), 갑술일(甲戌日).

인묘진(寅卯辰), 춘월(春月)에는 정축일(丁丑日), 정사일(丁巳日).

사오미(巳午未), 하월(夏月)에는 갑진일(甲辰日), 갑신일(甲申日).

신유술(申酉戌), 추월(秋月)에는 정미일(丁未日), 정해일(丁亥日).

주색의 어지러움이 있고, 색정이 강해 이것이 지나쳐 몸을 망치게 된다.

평두살(平頭煞)

교통사고, 낙상 등으로 머리가 부서질 우려가 있는 살. 구조는 갑자(甲子), 갑인(甲寅), 갑진(甲辰), 병인(丙寅), 병술(丙戌), 병진(丙辰) 등이 해당한다.

폭패살(暴敗煞)

연, 월지	子	丑	寅	卯	辰	巳	午	未	申	酉	戌	亥
폭패살	未	申	酉	戌	亥	子	丑	寅	卯	辰	巳	午
	夏	秋	冬	冬	夏	夏	冬	春	秋	秋	春	春

일이 진행되다가 어느 순간 갑자기 망하는 살로 여자의 사주에 폭패살이 있으면 남자의 가정이 점점 망하고 남자에게 있으면 부부 금슬이 좋지 않으며 친가가 불길하다.

표미살(豹尾煞)

연, 월지	申子辰	巳酉丑	寅午戌	亥卯未
표미살	戌	未	辰	丑

대운이나 세운에 오면 구설과 가정이 불안하고 재물이 흩어진다.

피두살(披頭煞)

연, 월지	子	丑	寅	卯	辰	巳	午	未	申	酉	戌	亥
피두살	辰	卯	寅	丑	子	亥	戌	酉	申	未	午	巳

머리를 부상 당할 우려가 있는 살. 구조는 자년(子年) － 진(辰), 축년(丑年) － 묘(卯), 인년(寅年) － 인(寅), 묘년(卯年) － 축(丑), 진년(辰年) － 자(子), 사년(巳年) － 해(亥), 오년(午年) － 술(戌), 미년(未年) － 유(酉), 신년(申年) － 신(申), 유년(酉年) － 미(未), 술년(戌年) － 오(午), 해년(亥年) － 사(巳)에 해당한다. 직업이 비천하고 인격이 떨어지며 근심 걱정이 많다.

하정살(下情煞)

월지	寅卯辰	巳午未	申酉戌	亥子丑
하정살	子丑寅酉	巳戌亥	丑申	子午

자기 자신도 챙기기 어려우면서 다른 사람에게 어려운 일이 닥치면 발 벗고 나선다. 동정심이 많고 감정과 인정에 약해 보증, 돈 거래 등으로 어려움이 있다.

학당귀인(學堂貴人)

일간	甲	乙	丙	丁	戊	己	庚	辛	壬	癸
학당귀인	亥	午	寅	酉	寅	酉	巳	子	申	卯

학문에 재주가 있고, 벼슬의 운이 따른다. 또한 지혜롭고 총명해서 교직에 종사하는 사람이 많다. 문장이 뛰어나 그 특징을 살리면 교수, 학자, 선생, 평론가, 논설가로 명망을 얻을 수 있다. 특히 학문에 능하여 박사, 연구원, 대학교수 등이 많다. 구조는 갑일(甲日) − 해(亥), 을일(乙日) − 오(午), 병무일(丙戊日) − 인(寅), 정기일(丁己日) − 유(酉), 경일(庚日) − 사(巳), 신일(申日) − 자(子), 임일(壬日) − 신(申), 계일(癸日) − 묘(卯)에 해당한다.

함지살(咸池煞)

⇨ 도화살(挑花煞)

해신(解神)

연, 월지	子	丑	寅	卯	辰	巳	午	未	申	酉	戌	亥
해신	戌未	酉未	申	未申	午未	巳酉	辰戌	卯戌	寅亥	子亥	子午	亥午

속인으로 살면 늘 관재수나 구설수가 따르고 중이 될 팔자다.

허성(虛星)

실제 존재하지 않는 별. 자미두수(紫微斗數) 등에서 취급하는 이론적인 별자리이다.

현침(懸針)

일진(日辰): 갑신(甲申), 갑오(甲午), 신미(辛未), 신묘(辛卯), 갑자(甲子), 갑술(甲戌), 갑진(甲辰), 갑인(甲寅), 을묘(乙卯), 병신(丙申), 정묘(丁卯), 무오(戊午), 기묘(己卯), 경신(庚申), 신사(辛巳), 신축(辛丑), 신해(辛亥), 신유(辛酉), 임신(壬申), 계묘(癸卯).

현침살(懸針煞)

갑오일시생(甲午日時生), 갑신일시생(甲申日時生), 신묘일시생(辛卯日時生), 신미일시생(辛未日時生).

갑오(甲午), 갑신(甲申), 신묘(辛卯), 신미일(辛未日)에 태어난 사람이나, 시에 있는 사람은 그의 생김새나 성격이 바늘이나 침같이 뾰족하고 예리하며 잔인하여 관재나 사고, 재액을 자주 당한다. 사주의 어느 곳에 있어도 해당되며, 일주에 있으면 배우자를 극하고, 주중에 기유(己酉)를 만나면 몸에 상처가 생긴다. 여자에게 있어서 가장 흉한 살이다. 직업은 의약업, 침술업, 기술업, 역술업, 종교인 등의 직업으로 삼으면 길하다. 주중에 형, 충이 많고 현침살이 있으면 도살업, 포수, 검난, 흉악범이며 현침살이 길신이면 활인업, 침술 등으로 뜻을 세우지만 기신이면 강도, 검난, 횡액, 도적, 불량아이다. 또 양인살과 동주하면 도살업, 식육점에 종사한다.

혈빈살(血貧煞)

춘월생(春月生) 1, 2, 3월생: 술일(戌日)이나 술시(戌時).
하월생(夏月生) 4, 5, 6월생: 축일(丑日)이나 미시(未時) 또는 미일(未日), 축시(丑時).
이 살이 있으면 하혈을 자주 하거나 혈변도 보게 되고 폐가 약한 사람은 혈토도 한다.

혈인(血刃)·혈인살(血刃煞)

월지	寅	卯	辰	巳	午	未	申	酉	戌	亥	子	丑
혈인살	丑	未	寅	申	卯	酉	辰	戌	巳	亥	午	子

몸을 예리한 칼날이나 유리에 다쳐 피를 많이 흘리거나 수혈, 수술을 하게 되는 살. 유년에는 사고, 자상으로 출혈에 관련된 병에 걸리게 된다.

혈지(血支)

월지	寅	卯	辰	巳	午	未	申	酉	戌	亥	子	丑
혈지	戌	亥	子	丑	寅	卯	辰	巳	午	未	申	酉

이 성(星)은 위장병을 조심해야 하므로 복부의 건강관리에 신경을 써야 한다. 또 이 성은 교통사고, 몸에 상처가 생기고 사건사고를 만든다.

협록(夾祿)

일간	甲	乙	丙	丁	戊	己	庚	辛	壬	癸
협록	丑卯	寅辰	辰午	巳未	辰午	巳未	未酉	申戌	戌子	亥丑

항상 복이 넘쳐난다. 생일천간과 생지천간이 동일하고 그 지지 사이에 암으로 건록을 끼우는 것을 협록이라고 하는데 외관과는 달리 항상 복과 덕이 있으며 이 협록이 있는 사주는 친척, 친구 또는 타인의 도움을 많이 받는다는 길성으로서 재산이 풍부하며 여생을 편안하게 지내는 별이다.

홍난성 (紅鸞星)

천상의 선녀로 용모가 단정하고 마음씨가 곱다고 하는데, 현모양처의 좋은 성분을 가리킨다. 구조는 자년(子年) - 묘(卯), 축년(丑年) - 인(寅), 인년(寅年) - 축(丑), 묘년(卯年) - 자(子), 진년(辰年) - 해(亥), 사년(巳年) - 술(戌), 오년(午年) - 유(酉), 미년(未年) - 신(申), 신년(申年) - 미(未), 유년(酉年) - 오(午), 술년(戌年) - 사(巳), 해년(亥年) - 진(辰)에 해당한다.

홍란성 (紅鸞星)

생월	寅	卯	辰	巳	午	未	申	酉	戌	亥	子	丑
지지	丑	子	亥	戌	酉	申	未	午	巳	辰	卯	寅

여자에게 좋은 신이다.

일지(日支): 여자는 용모단정하고 마음씨가 고우며 현모양처의 품위와 지혜를 지닌다. 남자도 군자다운 면모, 준수한 용모, 덕망이 높아 뭇사람들의 존경을 받는다. 또 일지에 홍란성이 있으면 덕망 있는 아내를 맞는다.

한편 서로 이성의 사람들이 많아서 이성 문제가 끊이지 않는 살이기도 하다.

홍염살 (紅艶煞)

일간	甲	乙	丙	丁	戊	己	庚	辛	壬	癸
홍염살	午	午	寅	未	辰	辰	戌	酉	申	申

남녀 모두 미인이며 화류계인에 많으며, 홍염살은 미색이 수려함을 의미하고 치장과 장식을 뜻한다. 구조는 일간 위주로 보아, 갑을(甲乙) − 오(午), 병(丙) − 인(寅), 정(丁) − 미(未), 무기(戊己) − 진(辰), 경(庚) − 술(戌), 신(辛) − 유(酉), 임계(壬癸) − 신(申)이 된다. 이 살이 있으면 애정사건이 발생하는데 특별히 의미 없는 말이다.

화개(華蓋)·화개살(華蓋煞)

연, 월지	申子辰	巳酉丑	寅午戌	亥卯未
화개살	辰	丑	戌	未

종교심이 있다는 살이다. 또는 꽃방석살이라고도 한다. 종교적 활동과 예술적 소질이 있고 학술이 뛰어나 신앙심도 강하다. 구조는 일지(日支)나 연지(年支)에 진술축미(辰戌丑未)가 있으면 해당한다.

화살(化煞)

편관(偏官)을 순화(純化)시킴. 편관(偏官)이 많아서 부담인 경우에는 인성(印星)이 살(煞)의 기운을 유통시켜서 일간(日干)을 생조하도록 한다.

화상살(畫象煞)

인신사해일생(寅申巳亥日生)의 사주에 또다른 인신사해(寅申巳亥)가 있는 사람, 자오묘유일생(子午卯酉日生)이 사주에 또다른 자오묘유(子午卯酉)가 있는 사람, 진술축일

생(辰戌丑未日生)이 사주에 또다른 진술축미(辰戌丑未)가 있는 사람, 상기 해당자로서 사자(四子) 중에 삼자(三子)나 사자(四子)가 있는 자.

이 사람은 마음이 허약하여 공포영화나 무서운 그림 또는 무서운 말만 들어도 놀라기를 잘한다.

황번(黃旛)

연, 월지	申子辰	巳酉丑	寅午戌	亥卯未
황번	辰	丑	戌	未

만사가 여의치 못하고 모든 일이 혼미하다.

황은대사(皇恩大赦)

월지	寅	卯	辰	巳	午	未	申	酉	戌	亥	子	丑
황은대사	戌	丑	寅	巳	酉	卯	子	午	亥	辰	申	未

인월생(寅月生)이 술(戌), 묘월생(卯月生)이 축(丑), 진월생(辰月生)이 인(寅), 사월생(巳月生)이 사(巳), 오월생(午月生)이 유(酉), 미월생(未月生)이 묘(卯), 신월생(申月生)이 자(子), 유월생(酉月生)이 오(午), 술월생(戌月生)이 해(亥), 해월생(亥月生)이 진(辰), 자월생(子月生)이 신(申), 축월생(丑月生)이 미(未)를 주중 지지에서 보게 되면 황은대사로 중죄에 처하였다가도 곧 사면이 된다.

황은대사는 군왕의 은총을 받는 길성이며, 과거나 고시에 합격하고 크게 된다.

그러나 황은대사 또한 일간에 미치는 영향이 기신이 된다면 기대할 수 없다. 운이 좋아야만 사면이 되는 것이니 하나의 이론만을 고집하지 말기를 바란다.

효살(梟煞) · 효신살(梟神煞)

⇨ 효신(梟神)

효신(梟神)

편인(偏印)이 식상(食傷)을 극하는 경우이다. 특히 식상이 용신일 때 더욱 흉하다. 그래서 그 흉함을 고려하여 하나의 신살로 취급하기도 한다, 효신은 부엉이가 자신의 자식을 잡아먹는다고 해서 붙여진 이름인데 실제로는 타당성이 없다.

희신(喜神)

일진(日辰) : 을묘(乙卯), 병오(丙午).
희신은 인간의 정신과 활력이 왕성하고 청년기에 개운하여 행복한 장래가 약속된 사람이라고 사주 상담을 한다.

김동완 명리학교 ─ ❶
신살

글쓴이 ㅣ 김나윤 외 11인
감수자 ㅣ 김동완
펴낸이 ㅣ 유재영
펴낸곳 ㅣ 주식회사 동학사
편 집 ㅣ 양미정
디자인 ㅣ 임수미

1판 1쇄 ㅣ 2025년 1월 20일

출판등록 ㅣ 1987년 11월 27일 제10-149

주소 ㅣ 04083 서울 마포구 토정로 53 (합정동)
전화 ㅣ 324-6130, 324-6131 / 팩스 ㅣ 324-6135
E-메일 ㅣ dhsbook@hanmail.net
홈페이지 ㅣ www.donghaksa.co.kr
www.green-home.co.kr

ISBN 978-89-7190-899-0   03180